조선 건국, 나라의 운명을 바꾼 **리더들**

인물로 읽는 한국사

조선 건국, 나라의 운명을 바꾼 리더들

고수산나 글 | 이광익 그림

초대하는 글

조선은 1392년부터 1910년까지 518년의 긴 역사를 가진 한반도의 왕조입니다. 조선을 세운 제1대 왕 태조부터 마지막 왕인 순종까지 스물일곱 명의 왕이 조선을 다스렸지요.

왕건이 세운 고려는 고려 말에 이르러 권문세족과 불교의 폐단으로 인해 백성들이 살기 힘든 나라가 되었습니다. 백성들이 고통받는 나라는 멸망의 길로 들어설 수밖에 없지요.

왕조가 바뀌는 시대는 가장 혼란스럽고 긴박한 때입니다. 수많은 결단과 희생, 선택이 함께 뒤섞이는 때이거든요. 누군가는 나라를 지키려고 하고, 누군가는 새 나라를 세워 영웅이 되기도 한답니다. 충신이냐 역적이냐 영웅이 되느냐 하는 거대한 갈림길에서 모두 갈팡질팡하는 때가 바로 새로운 왕이나 왕조가 탄생하는 순간이지요.

많은 사람들이 어떤 길을 선택하고 누구 편에 설 것인가 하는 고민을 했겠지요. 우리는 살면서 수많은 선택을 해야 하고 그에 대한 책임을 져야 합니다.

누가 옳고 그른가에 대한 명백한 답은 없습니다. 인물이나 역사에 대한 평가는 세월이 흐름에 따라 달라질 수도 있거든요.

그렇다면 지나간 과거인 역사를 우리는 왜 배우고 알아야 할까요? 역사는 반복됩니다. 역사는 현재에도 미래에도 사람들이 어떤 삶을 살아왔고 어떻게 세상이 돌아가는지 알려 주는 지침서와도 같지요.

이 책에서는 고려의 마지막과 조선의 시작을 함께한 최영, 정몽주, 이성계, 정도전, 이방원까지 다섯 인물을 다루고 있습니다. 가는 길과 방법은 각자 달랐지만, 백성이 살기 좋은 세상을 꿈꾸는 마음은 같았습니다.

여러분이라면 다섯 인물 중 누구의 편에 서고 싶은가요? 내가 만약 고려 말에 혹은 조선이 막 건국된 때에 있다면 어떤 선택을 할 것이라고 생각하나요?

그럼 혼란의 시대 속에서도 자신의 신념을 지키며 용감하게 살았던 다섯 인물들을 만나 볼까요?

친구들이 역사의 매력을 찾길 바라는
고수산나

차례

초대하는 글 4

최영
영원한 고려의 충신으로 남다 8

이성계
새 나라 조선을 건국하다 38

정몽주
고려를 향한 마음은 변함없어라 64

정도전
조선 왕조의 모든 것을 설계하다 88

이방원
희생 없는 왕좌는 없다 110

부록 역사 선생님이 들려주는 조선 건국 이야기 141

최영

영원한 고려의 충신으로 남다

무서운 흰머리 노인

"황금 보기를 돌같이 하거라. 재물에 눈이 멀어 욕심을 부리면 옳은 일을 할 수가 없다. 네 자신을 지키고 나라를 지키려면 재물을 멀리하거라."

최영이 열여섯 살 때, 그의 아버지는 유언을 남기고 세상을 떠났다. 최영은 '황금 보기를 돌같이 하라'는 뜻의 글자를 큰 띠에 써서 평생 지니고 다니며 아버지의 말을 마음에 새겼다. 그리고 그 말을 지키기 위해 일흔이 넘는 나이까지 작은 집에서 낡은 옷을 입고 검소한 삶을 살았다.

최영은 재물에 욕심을 부리고 살찐 말을 타고 화려한 옷을 입은 사람을 개나 돼지처럼 여길 정도였다.

그는 어린 시절부터 덩치가 크고 힘이 셌다. 몸도 날쌔서 말타기, 활쏘기, 창던지기 등 어느 것 하나 모자람이 없었다.

"최영의 무예 실력이 아주 뛰어나다지?"

"또래는 물론이고 어른들보다 칼을 잘 쓴다고 하니 장군감일세그려."

최영은 많은 사람들의 기대와 바람대로 무관이 되었다. 그는 전투가 있을 때마다 용감하게 앞장서서 싸워 상관의 눈에 들었다.

최영은 공민왕 때 반란을 일으킨 조일신과 그 부하들을 모조리 물리친 덕분에 임금의 신임을 얻게 되었다.

"장군. 나를 도와 고려가 바로 일어설 수 있게 도와주시오."

공민왕은 고려가 원나라의 간섭에서 벗어나 독립된 나라로 우뚝 서길 바랐다. 그러기 위해서는 군사력이 있어야 했고, 최영 같은 용감하고 충성스러운 장군이 필요했다.

"전하, 걱정 마십시오. 이 한 몸, 고려를 위해 기꺼이 바치겠나이다."

최영은 죽는 날까지 그 맹세를 지키기 위해 고려를 침입하는 온갖 적들에 맞서 싸웠다.

특히 고려 말에는 왜구들의 침범이 잦아 백성들이 많은 고통을 받았다. 일본의 해적 무리인 왜구는 고려의 해안가 마을에 쳐들어와서 사람들을 죽이고 물건과 가축을 빼앗아 갔다. 어찌나 잔인했던지 여자와 어린아이까지 가리지 않고 죽였고, 집을 불태우고 마을을 짓밟아 쑥대밭으로 만들었다.

　왜구들이 지나간 자리에는 시신과 매캐한 타는 냄새만이 남았다.

　공민왕은 최영을 왜구를 막는 군대의 최고 책임자로 임명하고, 현지의 장수와 수령 들을 다스릴 권한을 주었다. 막강한 힘을 가졌음에도 최영은 자신의 이익이 아닌 왜구를 물리치는 일에만 온 마음을 쏟았다.

최영 장군은 왜구와의 싸움에서 단 한 번도 진 적이 없었다. 그가 앞장서서 지휘하면 고려의 군사들은 아무것도 두렵지 않았다.

"최영 장군이 계시니 이번 전투도 이미 이긴 거나 다름없어."

"장군께서 우리와 함께하시니 정말 든든하군."

고려 군사들의 사기가 높아질수록 왜구들은 최영 장군만 보면 벌벌 떨었다.

"이번에도 또 최영이야? 어휴, 큰일 났군."

최영 장군이 보이면 싸워 보지도 않고 도망치는 왜구들이 많았다. 그런데도 왜구들은 너무나 끈질기게 고려 땅을 쳐들어왔다.

공민왕에 이어 우왕이 왕위에 오른 후에도 왜구들은 고려 백성들의 재물과 목숨을 빼앗으러 쳐들어왔다. 그러는 사이에 최영도 나이가 들어 백발의 노인이 되었다.

왜구가 쳐들어올 때마다 최영은 흰 머리카락과 흰 수염을 날리며 맨 앞에서 창과 칼을 휘둘렀다. 바람을 가르며 그가 나아가는 곳마다 쓰러지는 왜구들이 쌓여 갔다.

"무서운 흰머리 노인이 나타났다! 어서 도망가자."

"백수 최만호야! 우린 다 죽었어."

왜구들은 최영 장군만 보면 백수 최만호가 나타났다며 벌벌 떨었다.

만호는 고려 말에 대장군을 뜻하는 관직 이름이었는데, 왜구들은 최영 장군을 최만호라고 불렀다. 멀리서 흰머리만 보여도 최영 장군인 줄 금방 알아본 왜구들은 백수(흰머리) 최만호라며 도망치기 바빴던 것이다. 흰머리 노인 장군이 앞에서 싸울 때마다 왜구들은 전멸하고 고려 백성들은 목숨을 구했다.

1376년 여름이 되자, 남쪽 지방에 비가 많이 내려 강물이 불어

났다. 그 틈을 타 왜구들은 영산강을 거슬러 올라와 금강을 타고 부여와 공주를 습격했다. 지방 관리와 장수들이 왜구와 싸우다 힘없이 쓰러지자 이번에도 최영 장군이 나섰다.

"전하. 아무래도 안 되겠습니다. 제가 내려가서 왜구를 물리치고 오겠습니다."

하지만 임금도 신하들도 모두 최영을 말렸다.

"장군은 벌써 예순이 넘은 나이요. 전투에 나가기에는 나이가 너무 많소."

"전하의 말씀이 옳아요. 지금 장군이 직접 전투에 나가는 것은 무리입니다."

하지만 최영은 뜻을 굽히지 않았다.

"제가 앞장서서 나서지 않으면 왜구들은 고려 땅 더 깊은 곳으로 쳐들어올 것입니다. 제가 비록 늙은 몸이지만 나라와 백성을 지키고자 하는 마음은 젊은 사람 못지않습니다."

최영은 많은 사람들의 걱정을 뒤로 한 채 말에 올라탔다.

'내가 살아 있는 한 왜구들이 고려를 짓밟지 못하게 할 것이다.'

마음이 급한 최영은 밤새 내내 말을 달려 남쪽으로 내려갔다.

"최영 장군이 오셨다! 우리는 이제 살았다."

왜구들에게 쫓기기만 하던 군사들은 최영을 보자 사기가 다시 올라갔다.

"감히 내가 두 눈을 부릅뜨고 살아 있는데 고려를 쳐들어오다니. 내가 왜구들을 모조리 쓸어 버리겠다. 모두 나를 따르라!"

최영이 말을 타고 앞에 나서자 그 모습을 본 왜구들이 어쩔 줄 몰라 했다.

"또 그 무서운 흰머리 노인이 나타났어. 옛날의 그 흰머리 노인 말이야."

"아니, 도대체 나이가 몇 살인데 아직도 전투에 나오는 거야?"

최영의 명성을 알고 있는 왜구들은 두려워 떨었지만 최영을 무시하는 왜구들도 많았다.

"노인이잖아. 제 몸 하나 끌고 다닐 기운도 없을 나이라고. 아무리 천하의 최만호라고 한들 나이를 속일 수는 없어."

왜구들은 험하고 좁은 땅을 골라 진을 치며 최영의 군대와 맞설 준비를 했다.

왜구가 숨은 홍산은 주변이 절벽이고 길이 하나밖에 없어 고려군에게 몹시 불리했다. 고려의 군사들은 겁을 내고 머뭇거렸다.

길옆의 숲속에는 누군가 숨어 있는 듯 나뭇가지가 마구 흔들렸다. 맨 앞에 나서는 사람은 사방에서 쏟아지는 화살받이가 될 것이 분명했다.

후텁지근한 바람이 불어 땀에 젖은 군복의 냄새가 사방에 풍겨 왔다.

"무엇이 두렵나? 내가 맨 앞에 나설 테니 나를 믿고 따라오거라."

최영은 군사들을 격려하고 채찍질하며 앞장섰다. 최영이 칼과 창을 휘두르며 말을 타고 나가자, 쭈뼛거리던 군사들이 하나둘씩 뒤따라 나오기 시작했다.

최영은 나이가 들어도 장군이었고, 주름진 얼굴도 강렬한 눈빛을 가리지 못했다. 무거운 칼은 그의 손에서 지푸라기처럼 가벼웠고, 말은 그의 마음을 읽은 듯 앞으로 내달렸다. 최영 앞에 왜구들이 가을바람 앞의 낙엽처럼 떨어지자 왜구들은 눈에 핏줄을 세우고 소리쳤다.

"저 흰머리 노인을 죽이자! 그래야 우리가 이긴다."

"흰머리 장군을 쓰러뜨리면 고려군은 힘없이 도망칠 것이다."

주변에 숨어 있던 왜구들은 최영을 향해 마구 화살을 쏘았다. 그중 하나가 그만 최영 장군의 입술에 박혔다.

주변의 고려 군사들이 깜짝 놀라 쳐다보았지만, 최영 장군은 아무 일 없다는 듯이 앞으로 달려 나갔다. 뽑지 않은 화살이 입술에 꽂힌 채로 최영은 칼을 휘둘러 왜구의 목을 베었다.

그 모습을 본 고려 군사들은 뜨거운 눈물을 흘리며 함께 앞으로 나아갔다. 입에서 턱과 목까지 피가 철철 흐르는 백발의 장군이 열심히 싸우는 모습을 보니 무서울 것도 없고, 목숨도 아깝지 않았다.

무서운 기세로 달려드는 고려군에 왜구들은 힘없이 무너졌다. 왜구들을 다 휩쓸어 없애 버린 뒤에야 최영 장군은 입술에 박힌 화살을 빼냈다. 끈적끈적하고 붉은 피가 옷 속까지 스며들어 젖었다.

"흰머리 노인은 사람이 아니야."

"늙지도 죽지도 않아. 고려에 저런 사람이 있다니."

왜구들은 물론이고 고려군도 최영을 보고 놀라워했다.

홍산 전투에서 최영에게 크게 패한 후 왜구의 기세는 많이 꺾였다. 그 후로 왜구는 고려에 쳐들어올 때면 먼저 고려군의 장군이 누구인지부터 살폈다.

"우리는 오로지 백발의 최만호만 피하면 된다. 그 흰머리 노인만이 우리가 두려워하는 존재야."

왜구들은 무능력한 왕, 욕심 많은 권문세족, 고통받는 백성을 둔 고려를 만만하게 생각해서 쳐들어왔다. 그들이 유일하게 무서워하는 것은 쓰러져 가는 고려를 품어 안아 지키려는 고려의 아버지였다.

왜구의 생각을 누구보다도 잘 알고 있던 최영 장군은 그 후로도 왜구가 쳐들어올 때마다 전국 어디라도 달려가 전투를 지휘했다.

그는 늙지도 죽지도 않는 고려의 수호신이자 고려 왕실의 버팀목이었다.

요동으로 출정하라

고려 말, 중국 땅에서는 큰 변화의 바람이 불고 있었다. 원나라가 약해진 틈을 타 명나라가 중국 대륙의 주인이 되었다.

힘이 세진 명나라는 고려에 터무니없는 요구를 해 왔다.

"고려는 명나라에 처녀 일천 명과 내관 일천 명 그리고 말과 소를 각각 일천 필씩 바치도록 해라."

너무나 비참하고 힘겨운 요구였지만, 명나라가 워낙 강해 쉽게 거절할 수가 없었다. 약하고 작은 나라가 겪는 굴욕이었다.

"전하, 저들의 요구를 들어주어서는 안 됩니다. 우리가 한 번 들어주기 시작하면 그들은 계속 우리에게 고려 사람들과 가축들을 바치라 할 것입니다. 우리 고려에 피해가 너무나 큽니다."

최영의 강력한 주장에 우왕은 명나라의 요구를 거절했다. 그러자 이번에는 명나라에서 철령 위쪽 땅을 내놓으라고 으름장을 놓

앗다. 함경도에 해당하는 철령 위쪽의 땅은 공민왕 시절 힘들게 싸워 원나라로부터 되찾은 엄연한 고려의 땅이었다.

힘이 세진 명나라는 고려를 자기들 마음대로 흔들고 싶어 했다. 가지고 싶은 것이 있으면 마음껏 뺏어도 될 만큼 고려를 자기 발아래에 둘 수 있다고 생각했다.

명나라는 자기네 땅인 양, 요동부터 철령까지 역참(나라의 명령이나 문서를 전달하는 교통 통신 기관)을 설치하고 관리들을 파견했다.

"우리 고려는 고구려를 잇는 나라이다. 요동부터 철령 이북은 예부터 우리의 땅인데 자기들 마음대로 차지하다니."

우왕은 조상들이 목숨을 바쳐 차지한 땅을 빼앗긴 것이 자기 탓인 것 같아 몹시 분노했다.

"전하, 지금 명나라는 원나라와 싸우느라 요동 지방에 신경을 쓰지 못하고 있습니다. 이번 기회에 우리가 요동을 차지해서 고려의 힘을 보여 주어야 합니다. 그렇게 하면 우리의 옛 땅을 되찾고 더 이상 명나라의 굴욕적인 요구에 끌려다니지 않을 수 있습니다."

최영의 말에 우왕도 깊이 공감했다. 이제 명나라에 고려의 힘을 보여 주든, 무릎을 꿇고 명나라의 신하 나라가 되든 결정을 내려야 했다.

"장군, 이번에 요동을 치는 것이 좋겠소. 우리 고려 군사의 힘이 막강하니 명나라와 싸울 수 있을 거요."

최영 장군은 우왕의 명령에 요동을 차지하기 위한 전쟁을 준비했다. 그런데 가장 가까운 곳에 예상치 못한 반대파가 나타났다. 바로 최영에 이어 고려군의 이인자로 떠오른 이성계가 요동 정벌을 강하게 반대하고 나오는 것이었다.

"이성계 장군. 지금이 아니면 기회는 다시 오지 않소. 명나라가 요동으로 군대를 보낸다고 해도 우리 고려군은 충분히 막을 수 있소. 우리 고려를 위해 반드시 출정해야 하오. 더 이상 명나라의 횡포를 두고 볼 수는 없단 말이오."

이성계의 반대에도 최영은 군사를 모으고 정비했다. 자신이 최고 우두머리를 맡고, 우군도통사에 이성계를, 좌군도통사에 조민수를 임명했다.

5만 명의 군사를 데리고 요동으로 막 출발하려고 할 때 우왕이 최영을 붙잡았다.

"최영 장군. 장군은 요동으로 가지 말고 내 옆에 있으시오. 장군이 없을 때 누가 나를 해하려 하면 어찌 한단 말이오."

아버지 공민왕이 가까운 신하에게 죽임을 당한 것에 겁을 먹은 우왕이 최영의 앞을 막았다.

"전하, 제가 가장 높은 지휘관입니다. 제가 앞장서서 군대를 이끌어야지요."

최영은 우왕을 달랬으나 통하지 않았다.

"용감한 이성계 장군이 있지 않소. 총지휘는 이성계 장군에게 맡기고 최영 장군은 임금인 나를 지켜 주시오."

우왕이 고집을 꺾지 않자, 최영은 할 수 없이 이성계에게 모든 것을 맡기고 우왕 곁에 남았다.

"자네만 믿네. 이제 자네에게 고려의 운명이 달렸어."

최영은 이성계에게 가장 뛰어난 군사 5만 명을 함께 보내며 인사를 했다. 비록 요동 정벌을 반대했지만 이성계는 가장 용감한 고려의 무장이었다.

자신이 직접 가지 못해 아쉬웠지만 최영은 그만큼 이성계에 대한 믿음이 확실했다. 억지로 떠나는 이성계를 보내며 최영은 꿈꾸었다.

'이제 우리는 옛 영토를 회복하고 명나라에 고려의 힘을 보여 줄 영광스러운 날들을 맞이할 것이다. 암, 그래야지.'

고려 왕실의 마지막 수호자

"장군, 장군! 크, 큰일 났습니다. 요동 정벌에 나선 이성계 장군이 개경으로 되돌아오고 있다고 합니다."

"뭐? 뭐라고?"

최영은 놀라서 탁자를 치며 벌떡 일어섰다.

"군대를 몰고 왕궁이 있는 이곳으로 오고 있단 말이냐? 아니 명나라를 치라고 했더니. 이것은 반역이 아니더냐. 이성계, 이놈!"

분노로 얼굴이 벌겋게 달아오른 최영은 마치 눈앞에 이성계가 있는 것처럼 소리쳤다. 이성계에게 자신의 목숨을 맡길 만큼 믿었기에 배신감은 최영의 몸과 마음을 마구 흔들었다.

"어서 가서 이성계의 가족들을 잡아 오너라. 그들은 개경에 남아 있을 것이다."

하지만 눈치 빠른 이성계의 아들 이방원이 가족들을 데리고 몰래 탈출한 뒤였다.

최영은 고려 왕실을 지킬 마지막 전투를 준비했다. 하지만 요동 정벌을 위해 이성계에게 군사를 다 내주어 남아 있는 군대가 없었다. 남은 군사들이라고 해 봤자 노비들과 문지기들뿐이었다.

"이성계의 목을 가져오는 자에게는 큰 상을 내리겠다. 노비든 장수든 가리지 않을 테니 반역자를 잡아 오너라."

우왕은 허둥대며 최영과 함께 군사를 모았지만 누가 보아도 이길 수 없는 싸움이었다.

"내 큰 실수였어. 전하의 곁에 남지 않고 내가 요동 정벌에 나섰어야 했어. 내가 이성계를 너무 믿었구나."

최영은 우왕이 자기를 지켜 달라고 붙잡는 바람에 이성계만 요동으로 보냈던 날을 곱씹어 보며 가슴을 쳤다.

무더운 6월의 바람이 불던 날, 개경 성 밖에 도착한 이성계는 우왕에게 최영을 내놓으라며 으름장을 놓았다.

"내가 어찌 최영 장군을 내줄 수 있겠는가. 최영을 내놓으라는 것은 내 목을 내놓고 고려 왕실을 무너뜨리겠다는 것인데······."

"저 최영은 목숨을 걸고 전하와 고려를 지킬 것입니다."

최영은 흐느끼는 우왕을 달래며 전투에 나섰다. 이길 수 없는

싸움이라는 것을 최영은 누구보다 잘 알고 있었다. 자신에게 칼끝을 겨눈 자들은 자신의 부하였고 병사들이었다. 그가 맞서 싸워야 할 상대가 외적이 아닌 고려의 군사들이라는 것이 최영을 가장 고통스럽게 했다.

'내가 이성계를 너무 믿어서 큰 실수를 했구나. 고려의 군사를 모두 내주다니. 나를 치도록, 고려를 치도록 내 부하들을 다 맡기다니.'

최영은 군사들을 격려하며 용감히 싸웠지만, 숫자와 무기 면에서 너무나 큰 차이가 나 제대로 싸워 볼 수조차 없었다.

고려를 지키기 위해 수많은 전투와 전쟁을 치렀던 용맹한 최영은 한 번도 진 적이 없었다. 하지만 아들처럼 믿었던 이성계에게 그만 맥없이 무릎을 꿇고 말았다.

이성계의 부하들은 성을 차지하고 최영을 끌고 나왔다. 우왕이 어린애처럼 울면서 뒤따라 나왔다.

힘없이 끌려 나오는 최영을 본 이성계는 눈물이 저절로 나왔다. 아버지처럼 자신을 끌어 주고 아껴 주던, 누구보다도 존경했던 장군이었다.

"장군. 이, 이번 일은 내 마음대로 한 것이 아닙니다. 백성들의 원망이 하늘에 닿아서 나도 어쩔 수가 없었습니다."

이성계 앞에 선 최영도 눈물만 계속 흘렸다.

'내 너를 믿었거늘. 내 아들처럼 아끼고 가르쳤는데……. 네가 나에게 칼끝을 돌리다니.'

그 짧은 순간에 최영의 머릿속에는 이성계와 함께했던 가슴 벅찬 순간들이 떠올랐다. 목숨을 걸고 앞장서서 홍건적과 싸우던 일, 왜구를 물리치고 부하들과 얼싸안고 좋아하던 일, 서로를 믿고 의지했기에 이길 수 있었던 수많은 전투가 한 장면씩 눈앞에 보이는 듯했다.

이제는 적이 되어 버린 돌이킬 수 없는 상황에 최영과 이성계는 서로를 보며 눈물을 흘렸다. 끌려가는 최영의 뒷모습을 향해 이성계는 마지막으로 자신의 마음을 담은 소리를 외쳤다.

"장군, 잘 가시오. 잘 가시오."

군사들도 최고 사령관이 죄 없이 끌려가는 모습을 보고 싶지 않아 눈길을 피하고 고개를 돌렸다.

최영은 그 길로 유배지에 끌려갔다. 이성계는 고려의 상징과도 같은 최영을 살려 두는 것이 너무나 불안했다. 우왕 뒤를 이어 꼭두각시 왕이 된 창왕은 이성계 세력의 압박을 이기지 못하고 최영에게 사형 선고를 내렸다.

일흔세 살의 늙은 몸을 이끌고 사형장에 나온 최영의 얼굴에는 두려움이 하나도 없었다. 너무나 태연하고 평온하여 주위 사람들의 기가 죽을 정도였다.

"최영은 들어라. 탐욕으로 나라와 왕실을 위태롭게 한 죄로 사형에 처한다."

그 말을 들은 최영은 꼿꼿한 자세로 자신의 목을 칠 칼 앞에서 마지막 말을 남겼다.

"나는 평생 동안 오롯이 나라와 백성, 임금을 위한 마음으로 살았다. 내가 조금이라도 나를 위한 욕심을 부렸다면 내 무덤에 풀이 날 것이다. 하지만 내가 죄 없이 떳떳하다면 내 무덤에는 결코 풀이 자라지 않을 것이다."

고려를 지키고자 평생 동안 몸과 마음을 다 바쳤던 최영은 참수(목을 베어 죽임)를 당해 길거리에 시신이 버려졌다.

그가 죽던 날, 도성의 사람들은 가게 문을 닫고 길거리에 나오지 않았다.

"어찌 최영 장군 같은 분이 죽임을 당할 수가 있단 말이오. 온 백성이 존경하던 분이었는데……."

많은 사람들이 집에 숨어서 눈물을 흘렸고, 어떤 사람들은 버려진 최영의 시신에 몰래 절을 하기도 했다. 이성계 세력의 사람들도 최영에 대해 나쁘게 말하는 사람이 없을 정도였다.

수많은 적이 고려에 쳐들어와도 백성들이 안전하게 살 수 있었던 이유가 최영 장군 덕분이었다는 것을 모르는 사람은 없었다.

최영은 자신과 부하들에게 엄격했지만 백성들에게는 따뜻했던 장군이었다. 백성들이 굶주리고 있을 때 구제소를 설치해 먹을 것을 나눠 주고, 전투에서 사망한 병사들의 시신을 하나도 버려두지 않았다.

그의 유언대로 최영의 무덤에는 자신의 결백을 증명이라도 하듯 풀이 자라지 않았다. 초록색 풀이 나지 않고 흙만 덮여 있어 사람들은 그의 무덤을 붉은 무덤이라고 불렀다.

최영이라는 거대한 산이 무너지자, 버팀목이 없어진 고려는 멸망의 길로 들어섰다.

최영

고려 말, 바람 앞의 등불 같았던 위태로운 고려를 마지막까지 지키고자 끝까지 노력하신 최영 장군을 만나 보았습니다. 최영 장군께 혼란스러운 고려 말의 상황과 왜 고려가 멸망하게 되었는지 자세한 이야기를 들어 보도록 하겠습니다.

많은 사람들이 고려 말이 혼란스러웠던 이유가 왕이 제대로 나라를 다스리지 못했기 때문이라고 하던데요. 그 당시 장군께서 함께하셨던 왕들에 대해 이야기해 주시겠어요?

제가 가장 먼저 모셨던 임금은 공민왕이었습니다. 고려의 왕들은 원나라에 충성한다는 의미로 충정왕, 충숙왕 이렇게 충(忠) 자를 넣어 이름을 지었어요. 하지만 공민왕은 고려가 더 이상 원나라의 속국이 아니라 스스로 우뚝 서길 바라셨지요. 저와 함께 요동 정벌을 추진하며 고려의 땅과 정신을 되찾으려 노력했던 용감한 임금이셨어요. 그리고 부패한 귀족들에 맞서 백성들을 지키려는 분이었고요.

　하지만 사랑하는 왕비인 노국 공주가 아기를 낳다가 세상을 떠나자, 공민왕은 완전히 딴사람처럼 변하고 말았어요. 승려인 신돈에게 나라의 모든 일을 맡기고, 백성들의 삶을 제대로 돌보지 않았습니다.

결국 공민왕은 신하들에게 무참히 살해당했고, 그다음으로 우왕이 왕위에 올랐어요. 하지만 이성계가 정권을 잡자, 우왕은 신돈의 여종이었던 반야의 아들이라 해서 결국 쫓겨나고 말았답니다.

고려를 혼자서 지키다시피 하신 천하의 최영 장군도 귀양을 가신 적이 있다면서요? 어떻게 그런 일이 있을 수가 있지요?

이성계가 나타나기 전까지 고려에서 승리를 이끈 장군은 저밖에 없었습니다. 전투가 있는 곳이라면 어디든지 달려가서 싸우며 혼자 모든 고려의 전투를 해내다시피 했어요. 공민왕께서는 그런 저를 아주 좋아하셨고, 군사들도 저를 믿고 따랐지요. 하지만 아까도 얘기했듯이 노국 공주가 죽고 나서 공민왕은 완전히 변했습니다. 승려인 신돈의 말을 듣고 저에게 벌을 내려 쫓겨 가듯 지방으로 떠나야 했지요. 신돈과 그 일당들은 계속해서 저를 모함했어요. 결국 관직과 재산을 모두 빼앗긴 채 6년 동안 귀양살이를 했답니다.

고려가 멸망하게 된 원인은 무엇이라고 생각하시나요?

고려 말기는 원나라의 간섭으로 몹시 불안정한 상태였어요. 귀족들은 자신들의 배를 채우려고 백성들의 땅과 가족을 함부로 빼앗고 괴롭혔습니다. 백성들이 살기 힘들어 외면하는 나라는 굳건히 버틸 수가 없는 법이지요. 그럴 때일수록 힘 있고 현명한 임금이 필요한데, 공민왕은 망가져 버렸고 우왕은 신하들에게 휘둘리는 힘없는 왕이었습니다. 거기에다가 우왕은 겁이 많고 놀기를 좋아하는 편이어서 고려를 다시 일으키기는 힘들었지요. 고려를 바꾸어 놓을 새로운 세력이 필요했는데, 그게 바로 제가 키운 이성계였던 것입니다.

원나라 때문에 고려가 힘들었다고 하셨는데, 그때 중국의 상황은 어땠는지 알려 주시겠어요?

원나라는 고려를 침입한 이후 고려를 신하의 나라로 대했습니다. 아주 굴욕적이었지요. 수많은 고려의 처녀들과 말, 물품 들을 강제로 빼앗아 갔어요. 그런 원나라가 고려 말쯤에 그 세력이 점점 약해졌고, 반란을 일으킨 홍건적과 새롭게 일어난 명나라 때문에 점점 북쪽으로 쫓겨 가게 되었지요.

   명나라는 한족 출신인 주원장이 세운 나라인데, 몽골족이 세운 원나라를 밀어내며 점점 힘이 세졌어요. 나중에는 중국 전체를 차지하게 될 정도였지요. 하지만 명나라는 마지막까지 저항하는 원나라의 남은 세력들과 싸우느라 고려에 신경 쓸 여력이 없었지요. 저는 그 기회를 놓치지 않고 고려의 땅인 요동을 되찾으려 했습니다. 이성계 장군이 위화도에서 군사를 돌이켜 올 빌미를 준 바로 그 사건이었지요.

요동 정벌을 주장하셔서 이성계 장군과 갈등이 일어났는데요. 만약 그때 요동 정벌을 했다면 성공했을까요?

허허. 제가 가장 많이 듣는 질문입니다. 그때 저는 충분히 고려가 이길 수 있다고 생각했습니다. 제가 직접 군대를 데리고 나섰다면 여름이 되기 전에 요동에 도착해 전투를 치렀겠지요. 하지만 이성계 장군의 말이 모두 틀린 건 아니었어요. 명나라가 요동으로 군대를 보내 우리 고려군을 쳤을 가능성도 있거든요. 그렇게 되었다면 아주 나쁜 상황이 벌어졌을 수도 있지요. 요동 정벌이 성공했을지 실패했을지는 지금도 확실히 대답할 수 없습니다. 실제로 일어나지 않은 일을 짐작할 뿐이니까요. 하지만 요동 정벌과 관계없이 고려는 오래 버티지 못했을 겁니다. 왕실도, 권력을 잡은 사람들도 백성들의 삶을 철저히 외면했으니까요.

고려의 명장 최영은 부하들 사이에서 '호랑이 장군'으로 불렸을 정도로 엄격했다. 또한 벼슬과 재물을 부탁하는 뇌물을 단 한 번도 받아들이지 않고, 누구에게나 공명정대하게 대할 정도로 청렴한 사람이었다. '황금 보기를 돌같이 하라'는 아버지의 유언을 끝까지 지키며 평생 검소하게 살아갔던 최영 장군은 지혜롭고 공평한 지도자로 오늘날까지 많은 존경을 받고 있다.

이성계

새 나라 조선을 건국하다

네 가지 이유가 있습니다

전쟁과 혼란 속에 영웅이 태어난다는 말은 이성계에게 딱 맞는 말이었다. 홍건적이 난을 일으키며 고려에 큰 타격을 주고 있을 때 함경도 지역의 관리인 이자춘의 아들 이성계가 등장했기 때문이다.

1361년 중국에서는 원나라가 부패하고 약해진 틈을 타 한족이 반란을 일으켰다. 이들은 머리에 붉은 수건을 두르고 다녀서 '홍건적'이라고 이름 붙여졌다.

원나라 군대와 싸우던 홍건적은 쫓기게 되자, 갑자기 고려로 방향을 돌려 쳐들어왔다. 아무런 전쟁 준비를 하지 않고 있던 고려는 홍건적에게 힘없이 밀렸다. 결국 공민왕이 피난을 가고 수도인 개경까지 빼앗기고 말았다.

이때 이성계는 최영 장군과 힘을 합쳐 홍건적을 물리치면서 공민왕과 최영의 신임을 얻었다.

"자네를 처음 봤을 때가 5년 전이니까 스물한 살이었지, 아마? 이제는 더 이상 함경도 변방에 있지 말고 나와 함께 고려의 중심에 서야겠네."

최영은 원나라와 싸워 이겨 함경도 땅을 차지했을 때 이성계를 처음 보았던 기억을 떠올렸다. 당시 이성계와 그의 아버지 이자춘은 최영을 도와 전투를 승리로 이끌었다.

"장군을 도와 이 나라와 백성을 위해 제가 할 수 있는 모든 것을 하겠습니다."

눈빛이 살아 있는 젊은 이성계를 보자 최영은 든든했다. 늙어 가는 자신 혼자 짊어진 짐이 너무 무거웠던 그였다. 이제 이성계에게 그 부담을 나눌 수 있게 되자 자식이 생긴 것마냥 기뻤다.

백성들 사이에서도 이성계의 인기가 날로 높아져 갔다.

"최영 장군 버금가는 장수라지? 우리 고려는 최영 같은 장군이 두 분이나 계시니 얼마나 좋은가."

"활 쏘는 솜씨는 고려에서 당할 자가 없다네. 화살 하나로 까마귀 다섯 마리를 꿰뚫었다지."

이성계에 대한 소문은 왕실과 귀족들에게 실망하고 고통받던 백성들에게 희망을 주며 더 빠르게 퍼져 나갔다.

그러던 1380년, 왜구가 수백 척의 배를 몰고 군산 앞바다로 마구 쳐들어왔다. 다행히 고려에는 화포로 무장한 최무선 장군이 기다리고 있다가 왜구의 배 수백 척을 침몰시켰다. 살아남은 왜구들이 지리산 부근 황산으로 도망치자 이번에는 이성계가 군사를 몰고 그들을 퇴치하려고 나섰다.

이성계가 이끄는 고려군은 황산에 이르러 왜구들과 맞닥뜨렸다. 왜구는 고려군보다 훨씬 숫자가 많았고, 게다가 우두머리인 소년 장군을 믿고 어찌나 기세등등한지 고려군들도 겁을 냈다.

"이 장군. 왜구들의 우두머리는 '아기장수'라고 불리는 열대여섯 살의 소년이라고 하옵니다. 왜구들이 이놈의 비범함을 믿고 거칠게 날뛴다고 합니다."

"그래? 어린 녀석이 대단한가 보군. 그럼 그 녀석을 먼저 잡아 놈들의 기를 꺾어야겠어."

이성계는 왜구들의 우두머리인 '아기장수'를 노리기로 했다.

"하지만 장군. 쉽지 않습니다. 그놈은 머리와 얼굴은 물론이고, 목까지 투구와 갑옷으로 꽁꽁 감추고 있다고 합니다. 그래서 활을 쏘아도 창을 던져도 소용없습니다."

부하들의 말을 곰곰이 듣고 있던 이성계가 옆에 있던 부하 이지란에게 말했다.

"내가 활을 쏘아 그놈의 투구를 깨뜨릴 테니, 투구가 벗겨지면 네가 그 장수를 쏘아라."

활 솜씨가 아무리 뛰어난 사람이라도 해도 쉬운 일이 아니었다. 먼 거리에서 말을 타고 빠르게 달리는 사람의 투구를 정확하게 맞추어야 했다. 그 누구도 가능할 거라 생각하지 못했다.

하지만 이성계는 놀라운 활 솜씨로 정확히 '아기장수'의 투구를 맞추어 깨뜨렸다. 그 틈을 타 이지란이 활을 쏘아 우두머리를 쓰러뜨렸다.

절대 죽지도 다치지도 않고 자기들을 이끌어 줄 것 같았던 소년 장군이 이성계의 화살에 쓰러지자, 왜구들은 말을 버리고 도망치기 시작했다.

진흙 구덩이에 나자빠지고 말에 밟히며 도망치는 왜구들의 울음소리가 마치 수많은 소들이 한꺼번에 우는 소리 같았다.

고려군은 황산에서의 큰 승리로 말 1,600필과 수많은 무기와 갑옷을 얻었다.

이성계가 승리를 거두고 개경으로 돌아오자, 최영은 두 팔을 벌

리고 이성계를 맞으며 껴안았다.

"잘했네, 잘했어. 자네가 있으니 이제 고려는 두려울 것이 없구먼."

최영 장군은 이성계를 아들처럼 안아 주었고, 이성계 또한 자신을 믿어 주고 끌어 준 최영을 아버지처럼 따랐다. 두 사람의 관계는 아버지와 아들처럼 영원히 끈끈할 것 같았다. 요동 정벌의 이야기가 나오기까지는…….

우왕과 최영이 요동 정벌을 하려고 했을 때 가장 강력하게 반대한 사람은 고려군의 이인자가 된 이성계였다. 이성계는 최영만큼이나 백성들의 존경과 인기를 얻고 있었고 그만큼 자기주장을 강력하게 내세웠다.

이성계는 네 가지 이유를 조목조목 설명하며 요동 정벌을 반대했다.

"첫째는 작은 나라인 고려가 큰 나라인 명나라를 거스르는 것은 옳지 못한 일입니다. 둘째는 더운 여름철에 군사를 동원하면 안 됩니다. 또한 요동을 공격하는 동안 남쪽에서 왜구가 쳐들어올 위험이 있습니다. 마지막으로 이제 곧 덥고 습한 계절이 되니 지금 비가 내리면 활의 아교가 녹아서 쓰기 어려워집니다. 게다가 무더운 날씨 때문에 군사들 사이에 전염병이 돌 수도 있습니다."

애원하는 이성계의 말에 고개를 끄덕이는 신하들도 있었지만 최영은 고개를 저었다. 자신의 주장이 한 번도 틀린 적이 없다고 믿었던 최영은 이성계를 압박했다.

"우리에게 무리한 요구를 끊임없이 해대는 명나라를 거스르면 안 된다고? 나는 더 이상 명나라에 비굴한 고려를 만들기 싫다. 요동은 조상 대대로 우리의 땅이었어. 아직 봄이니 빨리 움직이기만 한다면 한여름이 되기 전에 요동을 우리가 차지할 수 있을 것이다. 이성계 장군의 변명은 더 이상 듣고 싶지 않으니 어서 군사를 이끌고 떠날 준비를 하라."

최영은 이성계의 네 가지 이유를 묵살해 버리고 출정 명령을 내렸다. 이성계는 어쩔 수 없이 상관인 최영의 말에 복종해야 했지만, 불만은 마음속에서 한없이 커져 갔다.

'최영 장군도 이제 늙었군. 고집만 세고 상황을 제대로 파악하지 못해. 답답해 미칠 노릇이야.'

요동 정벌은 이성계와 최영 사이에 벌어진 갈등의 시작이자 마지막이었고 전부였다.

군사를 돌려라!

1388년 4월 18일, 요동을 정벌하기 위해 이성계의 고려군은 평양을 떠났다. 가고 싶지 않아서인지 이성계가 이끄는 군대는 5월 7일이 되어서야 압록강 하류에 있는 섬, 위화도에 닿았다.

평양을 출발하자마자 서둘러 진군했다면 이미 요동 부근에 도착했을 수도 있었다. 하지만 이성계는 끌려가는 것처럼 최대한 천천히 움직였다. 위화도에 도착해서는 나흘 동안이나 더 이상 움직이지 않고 머뭇거렸다.

"명령이니 일단 압록강을 건너 봐야지."

이성계는 군사들 일부와 뗏목을 타고 압록강을 건넜다. 마침 비가 와서 냇물이 불어 있었고 물살이 거셌다. 몇몇 뗏목이 물살을 이기지 못하고 뒤집어지면서 군사들이 물에 빠져 죽었다. 그 모습을 본 이성계는 이럴 줄 알았다며 다시 군사들을 데리고 위화도로 돌아왔다. 그러고는 최영 장군과 우왕에게 군사를 돌리게 해 달라는 편지를 썼다.

지금 비가 많이 내리고 날이 더워 활이 다 풀어졌습니다. 말과 군사들이 다 지쳐 움직이기 힘듭니다. 식량도 부족하고 전염병마저 돌고 있으니 나아가기도 물러서기도 힘듭니다. 전하께서 이제 군사를 돌리라는 명령을 내리셔야 합니다.

편지를 받은 최영은 이번에도 고집을 꺾지 않았다.
"군사들을 격려하여 어서 압록강을 건너 나아가도록 하라."
최영의 전갈(사람을 시켜 말을 전하는 것)을 받았지만 이성계는 더 이상 한 발짝도 움직이지 않았다. 이성계의 마음은 요동 정벌에서 완전히 멀어졌고 명나라와 싸우고 싶은 의지도 없었다.
"이곳의 어려움을 일일이 써서 보냈는데도 모른 척하고 고집만 부리다니. 임금은 놀기만 좋아하고 늙은 장군은 이제 귀와 눈을 막고 자신의 생각대로만 움직이니, 누구를 위해 충성을 해야 하는 거지?"
이성계는 깊은 고민에 빠졌다. 군사들을 데리고 마음에도 없는 전쟁을 하러 요동까지는 절대 가고 싶지 않았다. 그렇다고 해서 상관인 최영의 허락 없이 군사를 돌리는 것은 반역이었다.

이성계는 그 순간 정도전이 한 말을 떠올렸다.

"장군. 모든 고려군이 장군의 손아귀에 있습니다. 이런 좋은 기회는 다시 오지 않을 것입니다. 지금 고려는 무너지고 있습니다. 새로운 세상을 만들 사람은 장군뿐입니다. 절대로 요동으로 가서는 안 됩니다."

이성계는 방탕하고 무능력한 임금과 썩어 빠진 귀족들을 떠올렸다. 그리고 자신을 따르는 많은 백성들과 신진 사대부들, 군사들을 생각했다. 군사를 돌리는 순간, 자신은 반역자가 되어 임금과 최영 장군의 적이 되는 것이었다.

"실패하면 나는 죽음을 면치 못할 것이고, 성공한다면 나는 최고 권력자가 되는 것이다. 이제 내가 역사를 만들 차례다."

그동안 마음에 품고 있던 권력을 향한 욕망이 터져 나왔다.

이성계는 장수들을 불러 모았다.

"우리가 지금 요동을 칠 형편이 되지 못한다고 계속 알렸지만 늙은 최영은 듣질 않소. 우리가 군대를 돌려 임금을 뵙고 주변의 나쁜 무리들을 모조리 처단해야겠소."

이성계의 설득과 회유에 다른 장수들도 딱히 방법이 없었다. 좌군도통사를 맡은 조민수는 이성계의 말을 들을 수도, 듣지 않을 수도 없어서 갈등했다. 순간의 선택으로 충신이 될 수도, 역적이 될 수도 있기 때문이었다.

'어차피 이성계 장군 없이 나 혼자 요동을 정벌하러 갈 수는 없다. 일단 같이 따라가는 척이라도 해야지.'

조민수는 하는 수 없이 이성계와 뜻을 같이하기로 하고 위화도에서 개경으로 군사를 돌렸다.

이것이 바로 고려의 마지막을 알리고 조선의 시작을 의미하는 '위화도 회군'이었다. 이성계는 개경으로 군사를 돌리면서 역사의 흐름까지 바꾸었고, 위화도 회군은 두고두고 논쟁거리가 되었다.

새 나라의 새 임금이니라

위화도에서 군사를 돌린 후 빠르게 진군한 이성계의 군대는 9일 만에 개경에 들어왔다.

강화도로 우왕을 쫓아낸 이성계는 그다음에 누구를 왕위에 앉힐까 고민했다. 우왕이 공민왕의 아들이 아닌 신돈의 아들이라고 소문을 내서 사람들이 고려 왕실의 정통성을 의심하게 만들었다.

하지만 먼저 손을 쓴 것은 이성계와 함께 요동 정벌에 나갔던 조민수 장군과 온건 개혁파의 우두머리인 이색이었다. 둘이서 우왕의 아들인 창왕을 왕위에 앉혀 이성계의 힘을 약화시키려고 했던 것이다.

난감해진 이성계는 개경의 큰 절인 흥국사로 자신의 편 중에서 가장 중요한 인물들 아홉 명을 불러 모았다. 정도전, 정몽주, 조준, 성석린 등 나중에 아홉 공신의 칭호를 받으며 고려의 운명을 정할 인물들이었다.

"우왕이 신돈의 아들이니 창왕은 신돈의 손자가 아닙니까? 고려 왕으로 자격이 없어요.

"맞습니다. 가짜를 몰아내고 진짜를 세워야지요. 창왕을 끌어내리고 고려 왕족 중 새 왕을 뽑읍시다."

그들은 오랜 시간 회의한 끝에 허수아비로 세울 왕을 제비뽑기로 뽑았다.

이름이 뽑힌 정창군은 임금의 자리를 거절했다. 이성계에게 조종당하는 것도, 고려의 마지막 왕이 되는 것도 싫었던 것이다. 하지만 왕이 되는 것도 되지 않는 것도 자기 마음대로 할 수 없었다.

위화도 회군으로 권력을 잡은 이성계는 곧바로 왕위에 오르지 않았다. 그는 왕을 죽이고 고려를 무너뜨린 주인공이 되고 싶지 않았던 것이다. 백성들이 자신에게 등을 돌리는 것도 원치 않았다. 이성계는 백성들과 신하들의 존경을 받아 자연스럽게 왕위에 오르는 그림을 그리고 있었다.

정창군이 왕위에 올라 공양왕이 된 지 3년이 된 1392년 7월이었다.

오랜 가뭄으로 땅에는 흙먼지만 날리고 논바닥은 쩍쩍 갈라졌다. 백성들은 하는 수 없이 하늘을 보며 비만 기다리고 있었다.

"이러다 다 굶어 죽게 생겼네. 왜 이리 고려는 복도 없단 말인가. 가뜩이나 귀족 놈들이 다 뜯어 가는 판에."

백성들의 원망이 여름 바람처럼 뜨겁게 불어닥칠 때, 이성계의 부하들이 움직였다.

배극렴, 남은 등은 이제 이성계가 왕위에 올라야 할 때라고 생각했다. 그들은 공민왕의 왕비인 안 씨를 찾아갔다. 왕실의 가장 높은 어른인 안 씨의 허락이 있어야 정식으로 왕을 폐할 수 있기 때문이었다.

"마마, 무능력한 공양왕을 내치시고 백성들에게 희망을 줄 수 있는 이성계 장군을 왕위에 올리십시오."

안 씨는 왕씨의 고려를 자기 손으로 끝내고 싶진 않았지만 할 수 있는 일은 없었다.

배극렴과 남은 등은 안 씨가 쓴 임금을 폐한다는 글을 공양왕에게 내밀었다.

"내가 언제 왕이 되고 싶다고 했소. 그대들이 강제로 나를 왕위에 앉혀 놓지 않았소."

공양왕은 눈물을 흘리며 순순히 옥새를 내주었다. 이미 조정에는 고려의 충신이 남아 있지 않았다. 그 누구도 임금과 고려를 더 이상 지킬 수 없었다.

다음 날이 되자 정도전, 조준, 배극렴 등 수십 명의 벼슬아치들이 옥새를 들고 이성계를 찾아갔다. 새 왕이 탄생하는 순간을 보고 싶은 구경꾼들이 사방에서 모여들었다. 이성계의 집으로 가는 길목이 모두 사람들로 꽉 차 지나다닐 수도 없을 정도였다.

그런데 어찌 된 일인지 이성계는 문을 굳게 걸고 열어 주지 않았다.

"나는 왕이 되고 싶지 않다."

이성계는 닷새 동안이나 문을 열어 주지 않았다. 벼슬아치들이 문밖에서 기다리며 절을 하고 북을 치며 만세를 불렀다.

"장군! 이제 고려의 임금이 되어 주십시오."

몰려간 벼슬아치들이 몇 번이나 사정을 하다 문을 부수고 들어갔다.

"나는 왕이 될 자격이 없다고 하지 않았느냐."

이성계는 충신들을 죽이고 힘으로 왕위를 빼앗았다는 말을 듣고 싶지 않았다. 결국 떠밀려서 왕이 된 것처럼 사람들의 부축을 받으며 왕위를 허락했다.

이성계는 신하들이 기다리고 있는 궁궐에 들어가기 위해 가마에서 내려 조심스럽게 걸어갔다. 조정 대신들이 수창궁의 서쪽에 늘어서서 새 왕을 맞았다.

신하들 앞에서 왕으로 선 이성계는 짧고 간단한 명령만 내렸다.

"나는 여러 사람들의 뜻을 받아 내 의지와는 관계없이 왕위에 오르게 되었다. 나라 이름은 그대로 고려라 할 것이다. 그러니 옷을 입는 것이나 제사를 지내는 것, 모든 것들은 고려의 것을 따르면 된다. 벼슬아치들도 예전과 다름없이 자신의 일을 하도록 하여라."

이성계는 갑자기 모든 것을 바꾸면 신하들이나 백성들이 거부감을 느낄까 봐 조심스럽게 행동했다.

이성계가 왕위에 오른 다음 날, 오랜 가뭄이 끝나고 단비가 내렸다.

"드디어 비가 내린다. 새 왕을 축복하여 하늘에서 내리는 비야."

"새 임금이 덕이 많아 비가 내리는 거지."

이성계를 따르는 사람들은 하늘이 내린 왕이라고 기뻐하며 떠들었다. 하지만 모두가 이성계를 좋아하는 것은 아니었다. 군대의 힘으로 세력을 잡고 자신의 욕심 때문에 많은 사람을 죽이고 새 나라를 세웠다며 반발하는 사람들도 있었다. 아직도 고려에 대한 충성심이 남아 있는 사람들이 많았던 것이다.

이성계와 그의 신하들은 고려로 돌아가자는 무리가 생길까 봐 두려웠다. 그래서 이성계는 왕씨들을 찾아 유배 보냈다가 결국 전부 처형시켰다.

한 왕조가 무너지고 새 나라가 세워진다는 것은 수많은 사람들의 희생과 욕망과 혼란이 함께하는 것이었다.

이성계와 그를 따르는 무리는 결국 나라 이름을 조선으로 바꾸고 이씨의 나라를 건설했다. 이성계는 새 나라의 새 임금이 되어 한양에 새 도읍지를 정했다.

조선의 500년 역사는 이렇게 시작되었다.

이성계

왕씨의 나라 고려가 멸망하고 이씨가 왕족이 되는 새로운 왕조를 연 태조 이성계를 만나 보겠습니다. 500년을 넘게 이어 온 조선을 세운 태조 임금께 집안 이야기와 새 나라를 세운 후의 이야기를 들어 보려고 합니다.

이씨 왕조의 첫 번째 왕이 되셨는데요, 조선을 이끈 가문의 이야기가 궁금합니다. 어떤 집안이었는지 말씀해 주시겠어요?

우리 집안은 예전부터 함경도 쪽에 살았습니다. 제 아버지 이자춘은 원나라에 공을 세워 원나라의 관리로 임명되었지요. 우리 가족은 한때 고려인이 아닌 원나라 사람으로 살았던 겁니다. 그러다가 원나라가 차지하고 있던 옛 땅인 함경도 지역을 되찾을 수 있게 도와 달라는 공민왕의 명을 받았지요. 그때 아버지께서는 이제 우리가 다시 고려의 백성으로 돌아가야 할 때라고 결심하셨답니다. 공민왕을 도와 원나라 군대와 싸워 물리친 덕분에 우

조선 태조 어진
조선을 건국한 태조 이성계의 초상화.

리 집안은 다시 고려의 백성이 되었고 벼슬을 받게 되었지요.

새 나라의 이름은 왜 조선으로 정하셨나요? 조선에는 어떤 뜻이 있나요?

정도전을 포함한 대신들과 함께 고민한 끝에 정했던 이름은 두 가지였습니다. 바로 '조선'과 '화령'이었지요. 화령은 내가 태어난 고향 이름이었어요. 하지만 정말 우리가 정하고 싶은 이름은 '조선'이었습니다. 한반도의 첫 번째 나라인 단군 조선의 이름을 따서 지었거든요. 우리 조선이 단군 조선의 정통성을 이어받은 것임을 알리고 싶었답니다.

조선이 세워진 후 고려의 왕족이었던 왕씨들은 어떻게 되었나요? 고려를 따르는 신하들과 백성들도 있었을 텐데요?

맞습니다. 모든 사람이 날 좋아할 수는 없는 법이지요. 고려 사람 중에는 새 나라를 반대하는 사람들도 많았습니다. 특히 고려 왕족인 왕씨들은 더욱 그랬지요. 처음에는 왕씨들을 살려 줄 생각이었지만, 신하들의 반대가 심했습니다. 왕씨들이 살아 있으면 다시 반란을 일으킬 수도 있고, 조선이 자리를 잡는 데 큰 방해가 될 것 같았지요. 그래서 할 수 없이 왕씨들을 강화도와 거제도에 나누어 보냈다가 결국 죽이고 말았습니다.

안타까운 일이지만 조선을 반대하는 사람들도 살려 둘 수는 없었어요. 고려에 충성스러운 마음을 가진 신하들도 문제였거든요. 조선에서 새 벼슬을 주겠다고 달래 보았지만, 그들은 고려를 배신하지 않겠다며 황해북도의 한 산골에 들어가 살았습니다. 아무리 나오라고 달래 보아도 소용없어서 최후의 수단으로 마을을 짚으로 둘러싸고 그 위에 불을 질렀지요. 살기 위해 마을을 뛰쳐나오리라는 기대와 달리, 그들은 불에 타 죽어 가면서도 꼭꼭 숨어서 끝까지 나오지 않았습니다. 정말 가슴 아픈 일이었지요.

한양은 지금까지도 우리나라의 수도로 자리 잡고 있어요. 도읍을 왜 개경에서 한양으로 옮기셨나요?

새 왕조에는 새롭게 시작하는 도읍이 필요하다고 생각했습니다. 개경

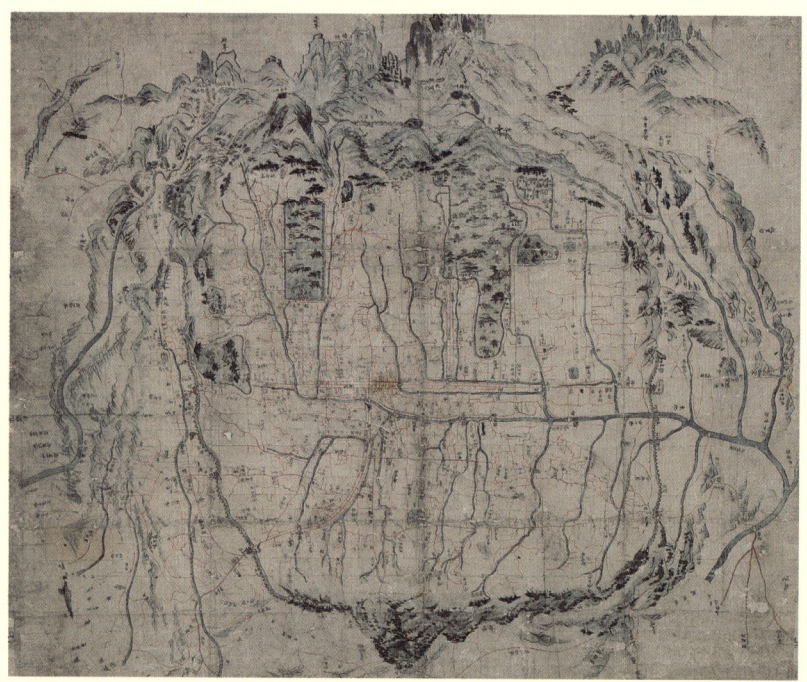

도성도
18세기 말에 만들어진 한양 지도. 1394년(태조 3년)에 조선의 수도가 되었던 한양은 오늘날 서울에 이르기까지 우리나라의 최고 중심지 역할을 하고 있다.

은 고려를 사랑하는 사람들이 많이 남아 있는 곳이어서 떠나고 싶은 마음도 있었어요.

물론 신하들은 반대했지요. 가장 발달한 개경을 떠나 새로운 도시를 건설한다는 것은 어마어마하게 큰일이었거든요. 백성들을 동원해서 궁궐이며 온갖 시설도 새로 지어야 했지요. 하지만 저는 꼭 도읍을 옮겨야 한다고 강력하게 밀어붙였어요.

처음에는 계룡산으로 도읍을 정하려고 했지만, 한양이 가장 좋겠다는 정도전의 의견에 적극 찬성했어요. 한양은 한강이 흐르고 있어 배로 물품을 실어 나르고 사람들이 이동하기가 아주 편했지요. 또 근처에 평야도 있고 주변에 산이 있어서 도읍으로 정하기에 좋은 조건이었습니다.

조선 왕조를 연 이성계는 왕위에 오른 후 얼마 되지 않아 병석에 누웠다. 그는 조선을 세우는 데 큰 공을 세운 다섯째 아들 이방원 대신 막내아들 이방석을 세자로 삼았고, 이에 반발한 이방원은 두 차례에 걸쳐 왕자의 난을 일으켰다.

왕자의 난으로 인해 자식들과 정도전을 잃은 이성계는 이방원과 등지고 궁궐을 떠나 이곳저곳을 떠돌며 살기도 했다. 이성계는 태상왕의 자리에 있으면서 정종과 태종이 왕위에 오르는 것을 지켜보았고, 그 후로 이씨의 조선 왕조는 500년이 넘게 이어졌다.

정몽주

고려를 향한 마음은 변함없어라

고려를 바꿉시다

"포은 정몽주는 그 누구보다도 부지런히 공부하고 능력이 뛰어나며 그의 말은 이치에 어긋나는 것이 없다."

정몽주와 정도전의 스승인 이색은 자신의 제자 중 정몽주가 고려에서 가장 뛰어난 학자라고 자신했다. 정도전은 그런 정몽주를 존경하며 따랐고, 둘은 다섯 살의 나이 차이와는 상관없이 단짝처럼 지냈다.

"고려는 썩을 대로 썩었어. 백성들의 고통을 언제까지 두고 볼 수만은 없다고."

"포은 선생 말이 맞아요. 왕은 놀기만 좋아하고 귀족들은 어떻게든 자기 배만 불리려고 하니. 썩은 부분을 도려내고 잘못된 것을 뜯어고쳐야지요."

정도전과 정몽주는 고려의 문제점과 그것 때문에 고통받고 있는 백성들의 삶을 잘 알고 있었다.

고려 말에는 정몽주와 정도전처럼 중국에서 들어온 학문인 성리학을 공부하고 과거 시험을 통해 관직에 들어선 관리들이 많았다. '신진 사대부'라 불린 이들은 새로운 세상을 꿈꾸며 개혁을 주장했다.

신진 사대부들을 가장 못마땅하게 생각한 이들은 바로 관직과 재산을 많이 가지고 있는 권문세족이었다. 권문세족들은 자신들이 누리던 것을 빼앗기지 않으려고 했기 때문에 신진 사대부들의 개혁을 막으려고 애썼다.

당시 권문세족들은 왕을 우습게 보고 세력을 마음대로 휘둘렀으며 아래로는 백성들을 착취했다.

권문세족들을 비판하고 개혁을 요구했던 정몽주와 정도전은 억울하게 유배를 가기도 했다.

"포은 선생, 지금 이성계 장군이 백성들의 인기를 한 몸에 받고 있어요. 게다가 군사력이 있으니 권문세족들에게 맞설 힘도 있고요. 우리가 꿈꾸는 개혁을 위해서 이성계 장군이 필요합니다."

"삼봉, 자네 말이 맞아. 이성계 장군이 우리와 뜻을 같이해 준다면 고려를 다시 일으킬 수 있어."

포은 정몽주와 삼봉 정도전은 고려의 개혁을 위해 앞장서겠다며 두 손을 꼭 잡고 맹세했다. 둘은 이성계의 위화도 회군 때에도 뜻을 모았고, 창왕을 몰아낼 때도 함께했었다.

정몽주와 정도전, 이성계는 서로 뜻이 잘 통하는 동지였고 새 세상을 꿈꾸는 혁명가들이었다.

영원할 것만 같았던 그들의 우정을 갈라놓은 것은 바로 땅 문제, 토지 개혁이었다. 신진 사대부의 우두머리격인 목은 이색이 정도전의 토지 개혁에 강하게 반발하고 나섰던 것이다.

"오랜 세월 동안 지켜 온 토지 제도를 갑자기 바꾼다는 게 말이 되는가? 절대로 안 되네. 얼마나 큰 혼란이 올 줄 알고."

"목은 선생님. 토지 제도를 바꾸지 않으면 굶어 죽는 백성들의 고통은 그대로입니다. 토지 개혁을 통해 권문세족들의 땅을 빼앗아야 합니다. 그 땅들을 나눠 주어 백성들이 농사를 지을 수 있게 해야 한단 말입니다."

정도전은 스승의 말에 지지 않고 뜻을 굽히지 않았다. 이색이 이끄는 학자들은 토지 개혁법에 반대하고 고려의 틀을 지키자고 주장했다. 하지만 정도전과 이성계는 고려의 뿌리를 흔들고 모든 것을 새로 만들고 바꾸고자 했다. 정몽주는 그 가운데서 몹시 난

처했다.

고려 말에 권력을 얻은 사람들은 신진 사대부와 권문세족으로 갈라졌다. 신진 사대부는 이색을 주축으로 하는 온건 개혁파와 이성계와 정도전을 따르는 급진 개혁파로 다시 나뉘었다.

세력이 갈라지자 누구를 따를 것인지 혼란스러워하는 사람들이 생겨났다. 갈등이 점점 심해질수록 정몽주의 마음은 더 단단해져 갔다.

"개혁을 하되 고려는 지켜야지. 살기 좋은 고려를 만들자는 것이지, 고려를 망하게 하는 것은 안 된다. 이성계와 정도전은 자신들이 권력을 잡고 새 세상을 만들려는 것이야."

정몽주의 마음을 알게 된 정도전과 이성계는 더 적극적으로 정몽주를 구슬리고 달랬다.

"포은, 우리는 이미 한배를 탔어. 우리 함께 살기 좋은 세상을 만들어 보세."

그들은 정몽주를 쉽게 포기하지 않았다. 위화도 회군을 찬성하고 창왕을 몰아내는 데 앞장선 일등 공신이었다. 게다가 많은 학자들과 백성들의 존경을 받는 정몽주였다. 그를 얻는다는 것은 그 누구보다도 든든한 지원 세력을 얻는 것이었다.

"나는 절대로 고려를 배신할 수 없네. 고려의 틀 안에서도 얼마든지 바꾸고 고쳐서 좋은 세상을 만들 수 있어. 자네들이 도와준다면 말이야."

하지만 다른 길을 가는 그들 사이에 중간은 없었다. 서로를 누구보다도 잘 알고 있었기에 더 무서운 적이 되어 버렸다.

정도전과 이성계의 세력이 커질수록, 정몽주는 마음을 단단히 먹었다.

"이제 저들은 더 이상 내 친구가 아닌 적들이다. 고려를 지키려면 내가 먼저 저들을 쳐 내야 한다."

죽지 않으려면 죽여야 하는 싸움이 시작되었다. 고려의 마지막 운명을 어깨에 짊어진 정몽주의 발걸음이 급해졌다.

'목은 선생님도 귀양을 가셨으니 이제 고려를 구할 사람이 나밖에 남지 않았어.'

정몽주는 촛불을 밝히고 한 자 한 자 반듯한 글씨로 임금에게 상소문을 쓰기 시작했다.

이 몸이 죽고 죽어

"정도전은 그의 할머니가 천한 신분 출신으로 집안이 바르지 못한데도 중요한 벼슬을 하고 있습니다. 겉으로는 나라를 위해 일하는 척하면서도 속으로는 고려에 불충한 마음을 품고 임금과 조정을 혼란스럽게 하고 있습니다. 당장 정도전의 모든 벼슬을 빼앗고 내치십시오."

정몽주가 임금에게 강력한 압박을 가하자 정도전도 잔뜩 독이 올랐다.

"포은 선생이 내 출신까지 들먹이며 나를 공격해? 이제 더 이상 옛날의 포은이 아니니 나도 가만히 당하고 있진 않겠다."

정도전도 정몽주 편을 끌어내리기 위해 상소를 올렸다. 둘은 옥신각신하며 상대편을 관직에서 몰아내려고 힘겨루기를 했고, 정몽주의 말을 들은 공양왕은 정도전을 유배 보냈다.

어찌된 일인지 정도전의 편에서 싸울 것 같던 이성계는 한발 물러나 지켜만 보고 있었다. 자신도 관계된 일이었지만 싸움에 휘말리는 것이 싫었던 것이다.

그러던 때에 이성계에게 좋지 않은 일이 일어났다.

"포은 선생, 이성계가 말에서 떨어졌답니다. 이성계가 꼼짝 못하고 누워 있다고 합니다."

정몽주에게는 반가운 소식이 들려왔다. 이성계가 명나라에 사신으로 다녀온 세자를 마중 나갔다가 그만 말에서 떨어진 것이다.

"이성계가 말에서 떨어지는 날이 오다니. 말을 타고 활을 쏘며 전장을 누비던 장수인데 말이야. 이것은 하늘이 준 귀한 기회야."

정몽주는 자신이 해야 할 일을 누구보다 잘 알았다. 정도전이 유배 가고 이성계가 꼼짝도 못 할 때 자신이 보이지 않는 칼을 휘둘러야 했다.

"전하, 남은과 조준을 유배 보내십시오. 그들은 정도전과 함께 고려에 불충을 저지르려 하고 있습니다."

정몽주는 공양왕을 압박하여 급진 개혁파들을 벼슬에서 몰아내었다. 그것도 불안했는지 유배 간 정도전을 죽일 생각까지 하고 있었다.

이대로 간다면 정몽주의 승리는 뻔했고, 정도전과 이성계는 무너질 위기에 처했다.

하지만 이성계에게는 자신도 모르는 숨겨진 무기가 있었다. 바로 다섯째 아들인 이방원이었다.

이방원은 재빨리 상황을 파악하고 이성계에게 달려갔다.

"아버님, 이렇게 누워 계실 때가 아닙니다. 이제 우리 집안 모두 죽게 생겼습니다. 우리 사람들이 다 잘려 나가고 있단 말입니다."

이방원의 말에 이성계는 아픈 몸을 이끌고 개경으로 돌아왔다. 아들 이방원과 함께 정몽주와 어떻게 맞설지, 이 판을 어떻게 뒤집어야 할지 끙끙 앓으며 고민에 빠졌다.

그때 정몽주가 이성계를 만나러 가겠다고 나섰다.

"포은 선생, 지금 이성계의 집에 문병 가시면 안 됩니다. 이성계 무리가 지금 선생을 잡으려고 눈에 불을 켜고 있단 말입니다. 아시지 않습니까?"

"이성계는 나를 절대 죽이지 못하네. 우리의 친분도 그렇거니와 보는 사람들 눈이 얼마나 많은데 어떻게 나를 해한단 말인가. 나는 그를 잘 알아. 나를 해치고 비난받는 것이 두려워서라도 못 할 걸세."

정몽주는 주위 사람들의 반대를 뿌리치고 이성계의 집으로 말을 달렸다.

정몽주의 생각이 옳았다. 정몽주는 이성계의 가장 큰 정치적 적수였지만, 그만큼 함부로 할 수 없는 존재였다. 아직도 그를 따르는 세력이 많았고 임금이 가장 신뢰하는 신하였으며 백성들의 존경을 받는 학자였기 때문이다.

하지만 이방원의 생각은 달랐다.

"정몽주는 우리에게 가장 위협이 되는 존재입니다. 그를 없애 버리지 않으면 아버님도 저도 무사하지 못할 것입니다."

"안 된다. 내가 포은을 해친다면 나를 존경하고 따르던 백성들까지 등을 돌릴 것이다. 옛 친구이자 충신을 죽였다고 얼마나 나를 비난하겠느냐. 어떻게든 포은을 우리 편으로 만들어야 한다."

이성계의 말에 이방원은 답답한 마음으로 밖을 나왔다.

"정몽주는 결코 우리 편이 되려고 하지 않을 것이다. 아버님이 못 하신다면 내가 나서야겠지."

이방원은 은밀히 부하들을 불러 모았다.

이성계의 집에 도착한 정몽주는 이성계를 병문안하는 척하며 주위를 살폈다. 이성계가 정말로 다쳐서 누워 있는지, 그 주변에 모여든 사람들은 누구인지, 무슨 일을 꾸미고 있지는 않은지 살펴보는 것이 오늘 방문의 목적이기도 했다.

"그럼 장군은 몸 관리 잘하시고 푹 쉬십시오."

정몽주는 이성계와 잠깐 이야기를 나눈 뒤 방을 나왔다. 집으로 가려는데 이방원이 정몽주를 불렀다.

"포은 선생님, 아버지를 위해 여기까지 와 주셔서 정말 감사합니다. 저랑 술이라도 한잔하고 가시지요."

정몽주는 이방원을 경계하면서도 그를 지켜볼 필요가 있다고 생각했다. 이방원은 정몽주와 술잔을 나누며 그의 마음을 떠보아야겠다고 마음먹었다.

"날도 좋고 술도 좋은데 제가 시 하나 읊어 보겠습니다."

이방원은 술잔을 내려놓고 정몽주를 보며 시조를 읊었다.

이런들 어떠하리 저런들 어떠하리

만수산 드렁칡이 얽혀진들 어떠하리

우리도 이같이 얽혀 백 년까지 누리리라.

- 〈하여가(何如歌)〉

그것은 고려에 살든 새 나라에 살든 잘 살기만 하면 되니 우리 편으로 들어오면 어떻겠냐는 뜻을 가진 시였다.

'네 놈의 속을 모를 줄 아느냐. 내가 고려를 배신하고 너희 가족과 한편이 되길 바라겠지. 어림없는 소리. 내 끝까지 너희들을 막아서 고려를 지킬 것이다.'

정몽주는 이방원을 보고 잠깐 미소를 지으며 말했다.

"그럼 그 시에 나도 답가를 해야겠네. 잘 들어 보시게."

당대 최고의 학자였던 정몽주는 거침없이 시를 지어 읊었다.

이 몸이 죽고 죽어 일백 번 고쳐 죽어

백골이 진토 되어 넋이라도 있고 없고

임 향한 일편단심이야 가실 줄이 있으랴.

- 〈단심가(丹心歌)〉

정몽주의 시를 들은 이방원은 말없이 고개를 끄덕였다.

'포은 선생. 잘 들었소. 죽어서 넋이 없어져도 고려에 충성하겠다는 뜻이군요. 안타깝지만 당신 뜻이 정 그러하다면야.'

이방원은 이 기회를 놓쳐서는 안 된다고 생각했다. 말을 타고

집으로 향하는 정몽주의 마지막 뒷모습을 한참 동안 보았다.

'세상에는 해서는 안 되지만 꼭 해야 할 일이 있는 법이지.'

정몽주가 집으로 가는 길목에 있는 선지교를 건널 때였다. 숨어 있던 이방원의 부하 네 명이 뛰쳐나와 정몽주에게 칼과 철퇴를 휘둘렀다.

정몽주는 말에서 떨어지는 순간, 누구의 짓인지 보이지 않아도 알 수 있었다.

고려의 마지막 충신이며 덕망 높은 학자였던 정몽주는 그렇게 외마디 비명을 지르며 쓰러졌다.

"이방원, 이놈!"

정몽주는 이성계를 잘 알았다고 생각했다. 하지만 그의 아들 이방원이 어떤 인물인지, 어떤 일까지 저지를 수 있는지는 알지 못했다.

'이제 세상은 이성계의 마음대로 돌아가겠군. 내가 고려를 지켜야 하는데. 내가……'

정몽주가 선지교 위에 쓰러질 때 고려의 마지막 희망도 흩어졌다.

"이성계의 아들 이방원이 포은 선생을 죽였다지?"

"이성계가 왕이 되려고 최영 장군도 죽이고 정몽주 선생도 죽였어. 고려의 충신들을 다 죽여 남아나는 사람이 없군그려."

이성계가 걱정하던 일이 일어났다. 충신인 정몽주의 죽음으로 백성들이 이성계에게 등을 돌리기 시작했다.

"이방원 이놈! 내가 뭐랬느냐. 포은을 가만 놔두라고 하지 않았느냐. 네 맘대로 포은을 죽였으니 그 비난을 오롯이 내가 감당해야 한단 말이다."

"아버님. 어쩔 수 없었습니다. 정몽주는 절대로 우리 편이 될 수 없습니다. 하루라도 빨리 정몽주를 없애야 우리가 살고 다음 일을 도모할 수가 있습니다. 이제 우리의 마지막 걸림돌이 없어지지 않았습니까."

화내는 이성계에게 이방원도 지지 않고 대들었다. 이성계도 이방원을 나무랄 수만은 없었다. 어차피 누군가는 해야 할 일이었는지도 몰랐다. 어쩌면 누군가가 해 주길 바랐는지도 모른다는 생각에 이성계는 머리를 감싸 쥐었다.

"포은 선생이 죽은 자리에 피가 얼룩져 지워지지가 않는다네. 돌다리에 뿌려진 피가 그대로 남았다지 뭐야."

"충신 정몽주가 죽은 자리에서 대나무가 자란다네. 그래서 사람들이 이제 선지교가 아닌 선죽교라고 불러야 한다고 하더군."

백성들은 오랫동안 정몽주의 죽음을 안타까워하며 그의 덕과 충성스러운 마음을 칭찬했다.

권력 대신 고려 왕실에 대한 의리를 택했던 정몽주는 높은 벼슬 대신 충신이라는 더 큰 명예를 이름 앞에 가질 수 있었다.

이방원의 말대로 정몽주는 이성계 무리에게 가장 큰 걸림돌이었고, 정몽주가 쓰러지자 고려는 함께 무너졌다.

정몽주

'충신' 하면 가장 먼저 떠오르는 인물이 된 포은 정몽주 선생을 만나 보려고 합니다. 선생을 통해 고려 말의 긴박한 상황과 당시의 벼슬아치들에 대해 알아보겠습니다.

고려 말기, 당시에 벼슬을 하던 힘 있는 사람들은 어떤 사람들이었나요?

고려 말에 큰 세력을 가지고 있는 사람들을 보통 '권문세족'이라고 부릅니다. 재산과 벼슬을 가진 귀족들을 일컫는 말이지요. 권문세족들은 원나라를 따르며 벼슬을 이용해 많은 땅을 차지했어요.

고려의 왕들은 원나라에 잡혀 있다가 원나라의 공주와 결혼한 뒤에야 고려로 와서 왕위에 오를 수 있었습니다. 원나라가 얼마나 고려를 마음대로 휘둘렀는지 짐작이 가지요? 그러니 그 세력에 붙어 있던 권문세족들이 못된 짓을 저질러도 왕조차 벌을 내리지 못했던 것이지요. 권문세족의 횡포는 점점 심해져 농민들의 땅을 마구 빼앗고 백성들을 자신의 노비로 만들었어요. 백성들은 고통으로 몸부림쳤고 왕실은 점점 힘을 잃어 갔답니다.

그럼 정몽주 선생님은 권문세족이 아니셨겠네요? 고려를 위한 충신이셨으니까요.

암, 그렇고말고요. 저처럼 성리학을 공부하고 과거 시험을 통해 조정의 관리로 들어온 젊은 사람들을 '신진 사대부'라고 부른답니다. 신진 사대부가 벼슬을 얻게 되어 힘을 가지게 된 건 모두 공민왕 덕분이에요. 공민왕은 원나라에서 벗어나 고려의 힘을 되찾고 싶어 했거든요. 그래서 원나라와 한편인 권문세족을 견제하기 위해 우리 같은 신진 사대부가 필요했던 거지요.

저와 정도전, 목은 이색 선생 모두 대표적인 신진 사대부라고 할 수 있어요. 우리 신진 사대부들은 공민왕을 도와 고려를 개혁하고 살기 좋은 나라로 만들려고 노력했지요. 따라서 외적을 물리치며 인기를 얻고 있던 이성계 장군과도 손을 잡았던 거예요.

아니, 정몽주 선생께서 이성계 장군과 같은 편이었다고요?

맞습니다. 저와 정도전은 이성계 장군의 편이었어요. 위화도 회군을 찬성하고 그 성공을 함께 기뻐했는걸요. 우리는 우왕과 창왕을 몰아내는 일에 함께 앞장섰지요. 그때까지는 내가 이성계, 정도전과 한배를 탄 줄 알았습니다. 우리는 서로 마음과 뜻이 잘 맞아서 힘을 합치면 권문세족 따위야 두려울 게 없었지요.

그렇군요. 그런데 언제 왜 이성계, 정도전과 갈라지게 된 거지요? 결국 서로 못 죽여서 아옹다옹 싸우는 사이가 되어 버렸잖아요.

사람 일은 정말 알 수가 없지요? 나는 이성계 장군을 아주 좋아했어요. 이성계도 나를 존경하고 따랐습니다. 정도전은 또 어떻고요. 우리 둘은 목은 이색 선생님 밑에서 오랫동안 같이 공부한 친한 선후배이자 아끼는 친구 사이였지요.

우리의 오랜 우정이 깨지기 시작한 것은 토지 개혁 문제 때문이었습니다. 스승인 이색 선생님은 고려의 틀을 깨면 안 된다고 했지요. 고려의 법을 따르면서 그 안에서 개혁을 하자고 주장했어요. 하지만 정도전은 권문세족들의 토지를 모조리 빼앗아 백성들에게 골고루 다 나누어 줘야 한다고 했어요.

정도전의 뜻은 이해가 가지만, 그것이 이루어질 가능성은 아주 희박했지요. 권력을 가진 권문세족들이 쉽사리 자신의 전 재산을 내놓을 리가 없으니까요. 저는 스승의 뜻에 반대하고 나서는 정도전이 언짢았습니다. 스승의 말을 듣지 않고 자신이 세상을 새롭게 바꿀 것처럼 난리를 피웠거든요.

그럼 그때부터 이성계, 정도전과 싸우시게 된 거예요?

그렇습니다. 이성계와 정도전은 고려를 통째로 뜯어고쳐야 한다고 주장했어요. 아니, 고려라는 나라를 뒤엎으려고 했지요. 내가 충성해야 할 대상은 이성계가 아니라 고려라는 나라였으니, 저는 역모에 함께 할 생각이 전혀 없었습니다. 오히려 어떻게든 그들을 꼭 막으려고 했지요. 고려를 지키려면 오랜 친구인 정도전을 죽일 수도 있다고 생각할 정도였어요. 정도전이 없으면 이성계도 힘을 쓰기 힘들 테니까요. 정도전은 이성계의 머리와도 같았으니까 말입니다.

정몽주는 고려 말의 뛰어난 학자이자 충신으로, 이성계가 마지막까지 자기편으로 끌어들이려고 했던 인물이다. 하지만 그는 이방원의 〈하여가〉에 답하는 〈단심가〉를 통해 고려에 대한 굳건하고 충성스러운 마음을 분명하게 표현했다.
예상치 못했던 이방원의 공격으로 비극적인 죽음을 맞았지만, 정몽주는 그의 시조와 함께 후손들에게 충신의 상징으로 기억되고 있다.

삼은각
충청남도 공주시에 위치한 사찰 동학사 안에 있는 건물. 고려 말기에 유학자로 이름난 포은 정몽주, 목은 이색, 야은 길재를 '삼은(三隱)'이라고 일컫는데, 삼은각은 고려에 대한 충절을 끝까지 지킨 세 사람의 위패를 모시는 곳이다.

정도전

조선 왕조의 모든 것을 설계하다

내가 왕을 만들겠다

남쪽 변방으로 먼 길을 떠나는 정도전의 발걸음은 한없이 무거웠다. 부곡(지금의 전라도 나주) 마을로 유배를 가는 정도전은 아직도 자신이 잘못했다고 생각하지 않았다.

"조금만 숙이면 될 것을. 삼봉의 고집도 참."

친구들과 선비들은 안타까워하면서도 정도전을 곧 만날 것을 의심하지 않았다.

정도전은 명나라와 가깝게 지내길 원하는 신진 사대부였다. 반면에 높은 벼슬을 차지하고 권력을 휘두르는 권문세족들은 원나라에 계속 충성했다. 특히 왕보다 더 큰 권력을 손에 쥔 이인임은 정도전에게 원나라 사신을 접대하라는 명령을 내렸다.

정도전이 어떤 인물인지 잘 알고 있었던 이인임이 일부러 시킨 것이었다.

"원나라 사신을 맞는다면 원나라와 싸웠던 공민왕을 어떻게 저승에서 뵙겠습니까? 내가 원나라 사신의 목을 베든가 아니면 묶어서 명나라로 보내 버리겠소."

정도전이 펄펄 뛰자, 평소에 정도전을 미워했던 이인임은 좋은 핑곗거리로 삼아 귀양을 보냈다.

정도전이 내려간 부곡 마을은 농민과 천민들이 주로 사는 곳이었다. 마을 사람들은 정도전이 죄인임을 알았지만 따뜻하게 대하며 친구가 되어 주었다. 정도전은 귀양 생활을 하는 동안 가까이에서 백성들을 지켜보며 그들의 삶에 대해 잘 알게 되었다.

백성들은 놀라울 정도로 현명했으며 바르고 부지런했다. 하지만 썩어 빠진 관리들 때문에 많은 백성이 고통 속에서 살고 있다는 것을 정도전은 절실히 깨달았다.

부지런히 농사를 지어도 농민들에게는 남는 것이 없었다. 힘을 가진 자들은 마음대로 토지를 빼앗고 토지에서 나오는 곡식조차 거두어 갔다. 빼앗아 갈 곡식이 적을 경우에는 농민과 그 가족까지 노비로 만들어 버렸다. 그러면서도 나라에 세금을 한 푼도 내지 않았다.

"백성들이 행복한 나라가 살기 좋은 나라인데, 지금의 고려는 백성들에게 아무런 희망이 없는 나라구나. 뿌리까지 몽땅 썩어 버린 나무와도 같아."

유배 생활이 끝나고도 기대와는 달리 벼슬을 할 수 없었던 정도전은 이곳저곳을 돌아다녔다. 짧게 끝날 줄 알았던 유랑을 9년이나 한 끝에 큰 결심을 했다.

"뿌리까지 썩은 나무는 뽑아 버리고 건강한 새 나무를 심어야지. 이제 고려는 고칠 수 없어. 새 나라를 세우는 수밖에."

정도전은 자신이 꿈꾸는 이상적인 새 나라를 세워야겠다고 생각했다. 하지만 자신은 아무런 힘이 없는 떠돌이 학자였다.

"내가 왕이 될 수 없으니 왕을 만들어야겠군."

정도전은 자신에게 힘이 되어 줄 새로운 권력자를 찾기 시작했다. 오래 생각할 것도 없었다. 황산 대첩으로 백성들에게 큰 인기를 얻은 이성계 장군이 떠올랐기 때문이다.

1383년 가을바람이 선선히 불던 때, 정도전은 이성계를 찾아

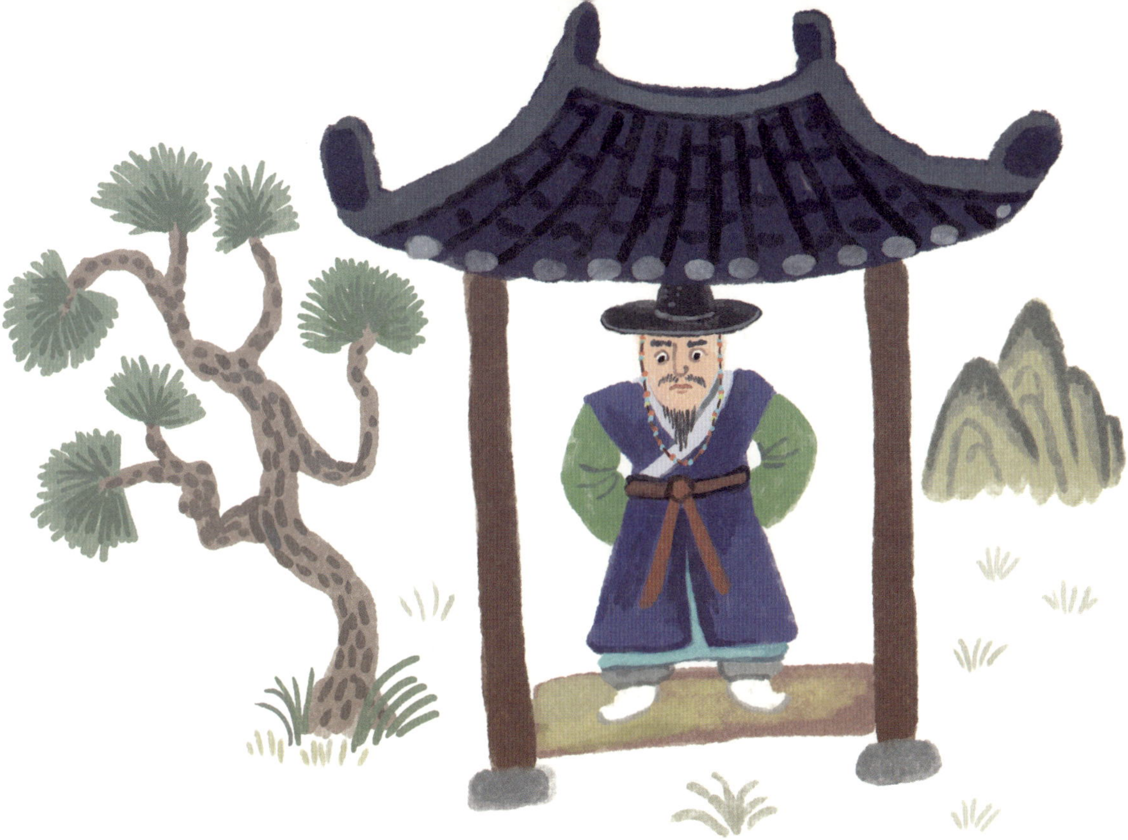

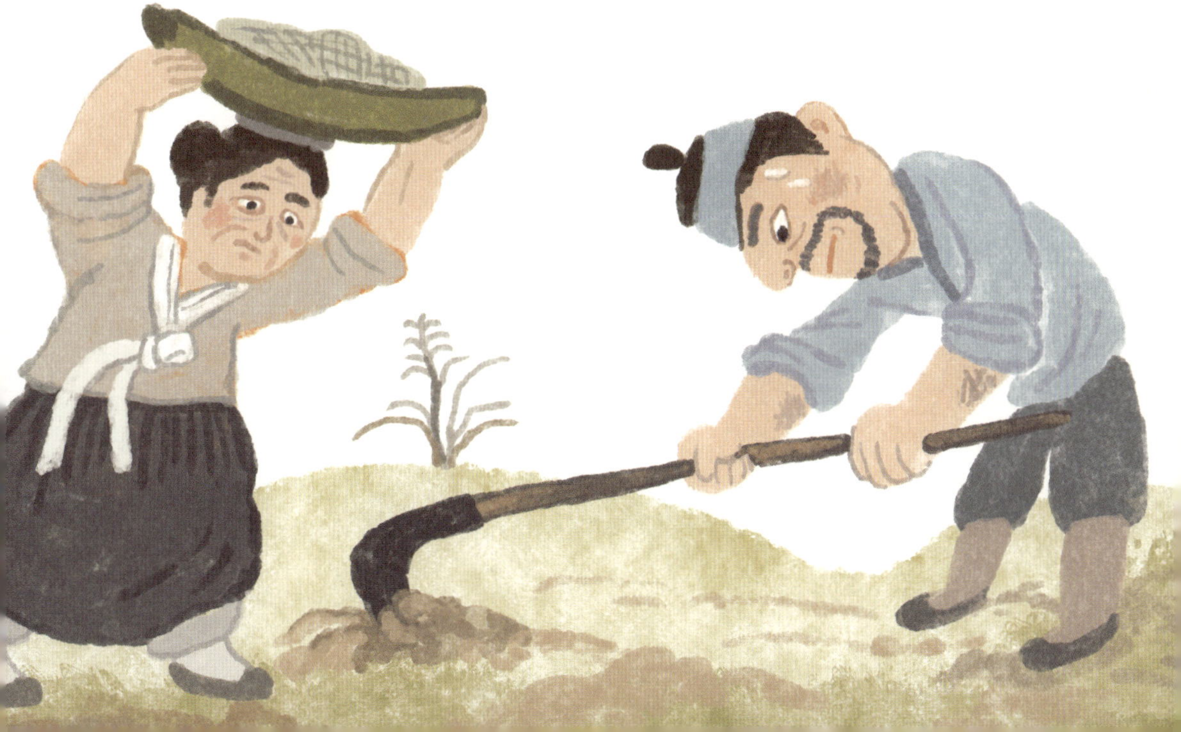

함길도 함주로 찾아갔다. 동북 면까지 이르렀을 때 정도전은 이성계의 군대를 볼 수 있었다.

"말로만 들었는데 이성계 장군의 군대는 정말 대단하구나. 훈련이 잘 되어 있고 이성계를 향한 충성심으로 가득해. 내가 바랐던 군사력이 바로 이것이야."

정도전은 이성계를 만나 인사를 하며 이렇게 말했다.

"정말 훌륭한 군대입니다, 장군. 이 군대로 무슨 일인들 성공하지 못하겠습니까?"

정도전의 의미심장한 말에 이성계가 물었다.

"무슨 말인지 모르겠소. 무엇을 성공하겠다는 말인지."

정도전은 이성계에게 곧바로 나라를 뒤엎자는 이야기는 할 수가 없었다.

"제 말은 왜구를 치는 것을 뜻합니다."

얼버무렸지만 이성계는 정도전을 보며 골똘히 생각했다.

'왜구를 치자고 여기까지 나를 찾아왔단 말인가? 벼슬에서 쫓겨나 오랫동안 떠돌아다닌 자인데…….'

정도전은 이성계의 마음을 읽은 듯 군영(군대가 주둔하는 곳) 앞의 늙은 소나무의 껍질을 벗기고 시를 썼다.

오랜 풍상을 겪은 한 그루 소나무가

푸른 산 몇만 겹 속에 자랐구나

잘 지내다 다른 날에 서로 만날 수 있을까

인간 세상 살다 보면 모두 티끌처럼 지난 일일세.

두 사람은 서로가 필요로 하는 사람임을 알아보았다. 이성계는 정도전의 학식과 지혜를 알게 되고 감동했다.

'나에게 꼭 필요한 인물이야. 새로운 세상을 계획하고 만들 인물이 바로 정도전이군.'

이성계는 군사력을 가지고 있었지만 새로운 세상을 만들 학문적인 지식과 체계가 부족했다.

"삼봉 선생. 내 스승이 되어 나를 이끌어 주게."

이성계는 자기보다 일곱 살이나 어린 정도전을 놓치지 않기 위해 붙들었다.

'내가 꿈꾸는 세상을 실현하게 해 줄 사람은 이성계 장군이다. 군사력에 백성들과 신진 사대부들의 믿음을 얻고 있으니. 거기다 새로운 세상을 꿈꾸는 야심이 있어.'

둘은 처음 만난 날부터 마음이 잘 맞았다. 서로 믿고 의지하며 부족한 부분을 채워 줄 수 있는 두 사람이 만나 새 역사를 쓰게 되었다.

서로를 알아보며 거대한 인연을 만든, 조선이 시작되는 만남이었다.

조선도 내가 만든다

위화도 회군으로 권력을 잡은 이성계의 추천으로 정도전은 다시 벼슬길에 올랐다.

"이제부터 시작이다. 내가 꿈꾸던 백성을 위한 나라를 만들고 말겠다."

정도전은 권문세족들의 토지를 모두 빼앗아 백성들에게 골고루 나누어 주고 싶었다. 그것이 나라와 백성을 살리는 길이라고 생각했기 때문이다.

하지만 권문세족들의 반대가 너무 심해서 정도전의 토지 개혁은 그대로 실행할 수가 없었다. 타협 끝에 과전법을 시행하기로 했다.

과전법이란 관리들에게 '과전'이라는 토지를 주고, 거기서 나오는 수확물의 일부를 나누어 주는 제도였다. 땅에서 나오는 나머지 수확물은 농사를 짓는 백성들에게 돌아가게 한 것이다.

"예전에는 땅 주인이 전부 다 가져가다시피 해서 남는 것이 없었는데 이젠 정말 다행이야."

"세금을 내고도 반 이상 남으니 먹고 살 수 있게 됐어."

"이게 모두 이성계 장군과 삼봉 선생이 힘을 쓴 덕분이라지?"

백성들은 살림살이가 좋아져 즐거워했다. 반면에 불법으로 많은 토지를 차지했던 권문세족들은 갑자기 힘을 잃었다. 세금을 잘 걷을 수 있으니 나라의 살림살이도 훨씬 좋아졌다.

"토지 문서를 모두 모아라. 이제 이것은 나라의 것이지 개인의 것이 아니다."

정도전과 조준 등은 토지 조사를 끝낸 토지 문서를 개경 거리 곳곳에서 불태웠다. 그 불이 개경 한복판에서 몇 날 며칠 동안 꺼지지 않을 정도였다.

백성들은 손뼉을 치고 환호했지만, 그것을 보고 있는 귀족들은 가슴이 함께 타는 것처럼 분노했다.

이 일로 이성계는 백성들로부터 큰 인기를 얻었다. 군사력과 백성들의 마음을 얻고자 했던 정도전의 계획은 착착 진행되었다.

하지만 모두 그의 뜻대로만 되는 것은 아니었다. 자신과 같은

길을 걸을 거라고 생각했던 오랜 동지인 정몽주가 정도전을 공격했던 것이다. 정몽주는 정도전을 귀양 보낸 것도 모자라서 죽일 생각까지 했다.

"포은 선생이 어찌 나에게 이럴 수가 있단 말인가. 우리가 어떤 사이였는데……."

정도전은 배신감과 함께 절망과 분노를 느꼈다. 왕권을 향한 서로 다른 충성심은 두 사람을 원수 사이로 만들었다.

이방원이 정몽주를 죽인 이후, 정도전은 다시 이성계 곁으로 돌아왔다. 이성계는 정도전에게 모든 것을 맡길 정도로 믿고 의지했다.

조선을 세우고 왕이 된 후에도 이성계는 정도전을 가까이에 두고 조선의 모든 것을 만들게 했다.

한양으로 도읍을 옮기고 궁궐을 짓고 새 나라에 어울리는 법과 경제 정책을 세우는 것이 모두 정도전의 몫이었다. 왕을 만든 그는 조선도 직접 만들어 나갔다.

"삼봉이 궁궐을 지었으니 이름도 자네 마음대로 짓도록 하라."

"예, 전하. 새 궁궐은 큰 복을 누리라는 뜻으로 경복궁으로 짓고, 전하가 머무르실 곳은 늘 편안하라는 뜻으로 강녕전이라고 짓겠습니다. 또한 전하께서 정사를 보시는 건물은 늘 바르게 정사를 피시라는 뜻으로 사정전이라는 이름을 붙이겠습니다."

이성계는 정도전의 뜻이라면 어떤 것이든지 다 받아들였다.

"내가 왕위에 오른 것은 모두 삼봉 덕분이다."

태조는 늘 이렇게 말할 정도로 정도전을 피붙이보다 더 믿고 아꼈다. 다음 왕이 될 세자의 스승 자리까지 맡겼다.

새로운 나라는 정도전의 계획대로 서서히 자리를 잡아 갔다. 한 사람이 했다고는 상상하기 힘들 정도로 조선의 모든 기틀을 정도전 혼자서 세워 나갔다.

정도전은 관리를 임명하고, 군사를 훈련시키고, 세금을 어떻게 거두어서 쓸지 고민하고, 관청을 관리하는 일까지 모든 나랏일을 도맡아 했다. 정도전은 자신이 꿈꾸고 계획했던 조선을 만들기 위해 마음껏 정책을 펼쳤다.

이성계가 조선을 열고, 정도전은 조선이 가야 할 길을 닦았다.

고려 말기에 불교가 권문세족과 한편이 되어 썩어 가는 것을 지켜보았던 정도전은 불교를 억누르고 유교를 국교로 삼았다. 신진 사대부 대부분이 성리학을 공부했기 때문에 공자의 학문을 믿고 따르는 유교가 잘 맞았던 것이다.

"기록으로 잘 남겨 놓아야 후손들까지 그대로 잘 따를 수 있을 거야."

정도전은 바쁜 와중에도 고려의 역사를 기록한 책을 썼고, 군사 훈련법에 대한 책도 썼다. 무엇보다도 조선의 기본 법전이라고 할 수 있는 《경국대전》의 밑바탕이 되는 《조선경국전》까지 집필했다.

"백성은 나라의 근본이자 임금의 하늘과 같은 존재이다."

정도전은 그 믿음으로 조선을 설계했다.

"나라의 근본은 백성이고, 백성을 이끄는 사람은 임금이 아닌 재상이 되어야 한다. 왕의 자손은 현명한 사람도 있지만 어리석은 사람도 나올 것이다. 그러니 임금은 상징적인 존재로만 있고, 당시의 가장 현명한 신하가 재상이 되어 나라를 다스려야 한다."

이런 정도전의 믿음은 왕권이 강력해야 한다고 생각한 이방원과 큰 갈등을 일으켰다.

정도전은 국가가 아닌 어떤 개인도 군사를 가지지 못하게 했다. 특히 이성계의 아들들인 왕자들의 개인 병사들을 모두 빼앗았다. 요동 정벌을 내세워 사병을 빼앗아 간 정도전을 왕자들은 몹시 못마땅해했다. 하지만 아버지인 태조 이성계가 큰 산처럼 감싸 안고 있어서 꼼짝할 수가 없었다.

조선의 기초를 세우고 다져 갈 무렵, 이성계가 병에 걸려 자리에 누워 버렸다. 왕은 병들어 누워 있고, 세자는 이제 겨우 열 살이었다. 혼란스럽고 불길한 기운이 궁궐과 한양을 둘러싸고 피어올랐다. 정도전은 잔뜩 긴장해서 왕자들을 더욱 더 경계했다.

"왕자들이 궁궐에 들어오지 못하게 하라."

정도전은 왕자들을 먼저 쳐야겠다고 생각했다. 그러나 이방원이 한발 빨랐다.

"죽지 않으려면 먼저 죽여야 하겠구나. 이제 삼봉의 세상도 끝이다."

이방원은 기회를 놓치지 않았다. 숨겨 놓은 군사들과 무기로 정도전을 찾아 나섰다. 아버지의 오랜 친구이자, 조선을 세우는 데 일등 공신이었던 정도전을 이방원은 직접 베었다.

백성을 근본으로 삼으며 조선 왕조 500년의 기틀을 세운 정도전. 그는 이성계도 막지 못한 다섯째 아들의 야망에 힘없이 쓰러졌다.

정도전

태조 이성계를 도와 조선을 건국한 공신 중에 으뜸인 삼봉 정도전 선생을 만나 보겠습니다. 정도전 선생으로부터 자신이 꿈꾸던 조선을 어떻게 만들어 나갔는지 알아보겠습니다.

정도전 선생을 '삼봉'이라는 호로 부르는 경우가 많은데, 그 이름은 어떻게 정하게 되신 건가요?

저는 어린 시절을 외가가 있는 단양에서 보냈습니다. 그러던 어느 해, 홍수가 나서 강원도 정선에 있는 산봉우리 세 개가 단양으로 밀려오게 되었어요. 충청도 단양에 갑자기 큰 봉우리 세 개가 떡하니 생긴 거지요. 그러자 강원도 정선에서 억지를 부렸어요. 자기네들 봉우리가 단양으로 갔으니 정선에다 세금을 바치라고 말입니다.

그때 어린 소년이었던 내가 나섰어요. "우리가 산봉우리를 불러들인 것도 아니고 저절로 내려온 것이 아니오? 단양은 그 산봉우리 때문에 물길이 막혀 오히려 피해를 보고 있소. 그러니 정선에서 단양에 세금을 내야 하지 않겠소? 우리는 세금을 못 내니 그냥 산봉우리를 가져가시오." 하고 말입니다.

당연히 정선에서는 아무 소리도 못했어요. 그래서 내 호가 세 개의

봉우리라는 뜻으로 삼봉이 되었지요. 산봉우리가 내려왔다는 것을 믿지 못하겠다고요? 허허. 어쨌든 내가 단양에 있는 도담 삼봉의 경치를 좋아했던 것은 사실입니다. 그래서 내 호로 삼았던 거고요.

삼봉 선생님은 어디서 공부하셨고, 어떻게 관직에 나가게 되셨는지 궁금합니다.

저는 고려에서 가장 유명한 학자인 이색 선생이 가르치는 학당에 들어갔습니다. 거기서 정몽주를 알게 되었고요. 이색 선생은 학문이 뛰어나다고 중국에까지 소문이 날 정도로 대단한 스승이었지요. 학당의 다른 학생들 틈에서 열심히 공부한 덕분에 성균관에 들어갔고, 문과 시험에 합격해 관리가 되었습니다. 공민왕 시절에는 권문세족의 힘을 누르기 위해 과거 시험으로 관리를 뽑았지요. 저처럼 성리학을 공부한 유학자들이 많이 합격해서 새로운 세력을 만들게 되었던 겁니다.

도담 삼봉
충청북도 단양군에 위치한 명승지로, 남한강 상류 한가운데에 원뿔 모양으로 봉우리가 우뚝 솟아 있는 세 개의 바위섬이다.

정도전 선생의 평소 사상과 조선을 세울 때 가장 중점을 둔 가치는 무엇이 었나요?

저와 같은 신진 사대부들은 성리학을 공부한 유학자였어요. 성리학은 공자와 맹자의 학문을 정리한 유학의 한 갈래이지요. 성리학을 공부한 우리들은 불교를 거부하고 내치려고 했어요. 고려 말의 불교는 권문세족과 서로 한통속이 되어 재물을 탐하고 백성들을 괴롭히는 등 문제가 많았거든요.

그래서 저는 조선이 불교를 내치고 유교 정신을 밑바탕으로 세워지길 바랐습니다. 유교는 공자가 말씀하신 인(仁)의 정신이 중심적인 사상이지요. 부모에게 효도하고, 나라에 충성하고, 자식을 사랑하고, 예의와 믿음을 지키라는 여러 가지 뜻이 담겨 있답니다.

고려의 상징과도 같았던 불교를 억누르고, 새 나라 조선은 유학을 바탕으로 만들었습니다. 조선의 기본적인 건국 이념, 그러니까 새 나라의 기본 가치를 가진 정신은 유교라고 할 수 있지요.

고려 말에는 관리로서 오랫동안 지내지 못하셨다는데요. 옳은 말을 많이 해서 권문세족의 미움을 사셨지요?

저는 성품이 원래 꼿꼿하고 강한 편이라서 잘못된 것은 잘못되었다고 말해야 직성이 풀립니다. 특히 권력을 휘두르며 백성을 괴롭히는 벼슬아치들에게는 좋은 말을 할 수가 없었지요. 그들이 하는 일에 반대하고 듣기 싫은 소리를 하니 당연히 미운털이 박혔어요. 그래서 저는 관직 생활을 한 것보다 귀양 가고 떠돌아다닌 세월이 더 많을 겁니다.

관직에 들어가지 못하고 쫓겨 다닐 때는 학당을 차리기도 했어요. 그런데 권문세족들이 번번이 훼방을 놓아 망하게 만들었지요. 하지만 저는 유배 생활을 하면서 많은 것을 보고 배웠습니다. 백성들의 고통스러운 삶을 가까이에서 보고 체험한 덕분에 새로운 나라를 꿈꿀 수 있었던 거지요.

정도전은 이성계가 왕위에 오른 후에 모든 나랏일을 도맡아 하며 조선의 기틀을 다졌다. 정도전은 '나라도 임금도 백성을 위해 존재할 때만 그 가치가 있다'는 신념을 가지고 백성을 위한 나라를 세우려고 노력했다. 그는 무너져 가는 고려 위에 새로운 왕을 세우고, 500년의 역사를 일군 조선의 기초를 다진 일등 공신으로 평가받고 있다.

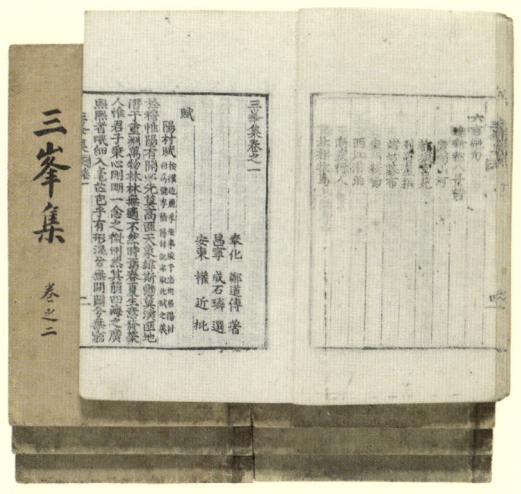

삼봉집
정도전이 평생에 걸쳐 쓴 글을 모아 편찬한 문집. 국가를 운영하는 데 필요한 통치 이념을 정리한 《조선경국전》, 성리학의 관점에서 불교를 비판한 《불씨잡변》 등이 수록되어 있다.

제가 대신 처리하겠습니다

"어머니, 어서 피하셔야 합니다. 아버지께서 군대를 돌려서 개경으로 오신다고 합니다."

이방원은 어머니 한 씨와 여동생들을 불러 모았다.

"방원아, 그게 무슨 말이냐? 개경으로 군대를 돌리다니. 설마?"

"역모입니다. 아버지께서 왕을 치러 오는 것입니다. 빨리 도망가지 않으면 우리 가족 모두 임금에게 잡혀 죽을 것입니다."

이방원은 군사들이 집에 쳐들어오기 전에 가족들을 몰래 피신시켰다. 우왕은커녕 위화도에서 돌아오고 있는 이성계조차 이방원의 빠른 행동을 알아차리지 못했다.

이성계는 자기 가족이 어쩌면 임금에게 인질로 잡혀 있을 거라고 포기하던 참이었다.

이방원은 이번에는 아버지의 둘째 부인인 강 씨의 집으로 갔다.

"어서 피해야 합니다. 곧 군사들이 쳐들어올 것입니다."

"우리 아들들은 아직 어려서 말을 타지 못하는데……."

강 씨의 말에 이방원은 이복동생(어머니가 다른 동생)인 방번과 방석을 안았다.

"걱정 마십시오. 제가 말에 태우고 안전하게 함께 가겠습니다."

이방원은 방번과 방석을 자기 말에 태우고 도망쳐서 끝없이 달렸다. 이미 횃불을 든 군사들이 저만치 쫓아오고 있는 것이 보였다.

쫓기는 이성계의 가족들은 음식도 먹지 못한 채 들판에서 7일이나 버텨야 했다.

"방원아, 네 공이 정말 크다. 네가 가족들을 무사히 피신시킨 덕분에 회군이 성공했어."

이성계는 이방원의 빠른 판단력을 칭찬했다. 자칫 모두 몰살당할 위기에서 가족을 구한 것은 많은 아들들 가운데 다섯째인 이방원이었다.

이방원은 이성계의 아들 중에서 유일하게 과거에 급제한 문신이었다. 이방원이 과거에 급제했다는 소식을 들은 이성계가 기뻐서 눈물을 글썽일 정도로 다섯째 아들은 집안의 큰 자랑이었다.

이방원은 아버지 이성계와는 성격이 아주 달랐다. 이성계는 세

상 사람들의 평에 신경을 쓰고 망설이는 편이었지만, 이방원은 반대였다. 옳다고 생각하면 거침이 없었다. 누구보다도 빠르게 움직였고 과감하게 행동했다.

명나라에서 돌아온 세자를 마중 나갔다가 이성계가 말에서 떨어져 누워 있을 때도 그랬다. 다친 이성계가 벽란도에서 꼼짝없이 누워 있을 때, 정몽주는 기회를 놓치지 않고 먼저 움직였다.

공양왕은 정몽주와 이성계 사이에서 눈치를 보고 있었다. 정몽주는 그런 공양왕을 흔들며 이성계의 세력들을 모조리 귀양 보내거나 궁에서 쫓아냈다. 이성계와 가장 가까운 조준과 정도전을 사형시키라며 공양왕에게 계속 요구했다.

그때 머뭇거리지 않고 나선 사람은 이방원이었다. 이방원은 벽란도로 달려가 이성계에게 말했다.

"아버지, 빨리 일어나셔서 개경으로 가야 합니다. 아버지께서 이렇게 누워 계시는 동안 정몽주가 우리 사람들을 모두 쓸어 버렸습니다. 이제 가족들까지 다 죽게 생겼습니다."

"포은이 우리 가족까지 해칠 리가 있겠느냐. 그리고 이렇게 내가 다쳐서 꼼짝하기도 힘든데 어찌 개경까지 가자는 말이냐."

이성계는 돌아누워 버렸다.

"아버지가 개경으로 가셔서 버티고 있으면 임금도 우리 가족과 삼봉 선생을 함부로 하지는 못할 것입니다. 이러고 있을 때가 아닙니다."

이방원의 설득에 이성계는 마지못해 아픈 몸을 끌고 개경으로 갔다. 이방원의 말대로 이성계가 가까이에 머물자, 공양왕은 정도전과 이성계의 세력들에게 사형을 내리지 않고 꾸물거렸다.

"우리가 당하지 않으려면 먼저 쳐야 해."

이방원은 마침 이성계를 병문안하러 온 정몽주를 죽였다. 정몽주를 죽여서는 안 된다고 했던 이성계는 이방원에게 화를 내며 소리를 질렀다.

"내가 뭐라 했느냐. 네가 감히 내 뜻을 어기고 포은을 죽이다니. 우리 집안은 대대로 충효로 세상에 알려졌는데 이게 무슨 꼴이냐. 사람들이 다 나를 욕할 것인데 어떻게 이렇게 불효를 저지른단 말이야."

이성계의 말에 이방원은 당당하게 대들었다.

"정몽주가 우리 집안을 망치고 죽이려고 하는데, 가만히 앉아서 당하기만 기다립니까? 불효라고요? 정몽주를 죽인 것이 바로 아버지께 한 큰 효도입니다."

이성계에게 맞설 수 있는, 그 뜻을 거스를 수 있는 유일한 사람은 이방원이었다.

이성계는 이방원에게 화는 났지만 원망할 수 없었다. 이방원의 말대로 자신이 해야 할 일을 대신 처리하고 나선 것이 이방원이었다. 자신이 눈치를 보며 하지 못한 일, 망설이며 고민하던 일도 과감히 해낸 사람은 이방원뿐이었다. 이방원이 자신을 편하고 안전하게 만들어 준 것은 사실이었다.

이성계의 무리 중에서는 이방원을 무서워하는 사람들이 부쩍 늘었다.

"이성계 장군을 이길 수 있는 사람은 이방원뿐일 거야."

"이성계의 다섯째 아들이 일을 다 한다지? 이방원 덕분에 이성계 장군이 지금 그 자리에 앉아 있는 거라는군."

조선을 세운 것은 이성계였지만 이성계를 일으킨 것은 이방원이었다. 그것은 이성계도 이방원도 그 누구도 의심하지 않는 사실이었다.

내 앞길을 막는 자에게 죽음을

왕위에 오른 이성계에게 가장 급한 일은 세자를 세우는 일이었다. 왕권을 튼튼하게 하고 이씨 왕조를 계속 이어가기 위해서는 다음 왕이 누가 되느냐가 아주 중요했다.

이성계는 왕위에 오른 지 두 달 만에 신하들과 함께 세자 문제를 의논했다.

"예로부터 왕의 뒤를 이을 사람은 맏아들입니다."

배극렴이 대답하자 태조가 이맛살을 찌푸리며 한숨을 쉬었다.

태조는 다시 옆에 있던 조준에게 물었다.

"경은 어찌 생각하는가? 누구를 세자로 삼으면 좋겠는가?"

"평소 때라면 나이가 가장 많은 왕자가 세자가 되어야 하고, 나라가 위급할 때는 공이 가장 많은 왕자를 세자로 세워야 합니다."

조준이 대답했다. 공이 많은 왕자란 누가 봐도 다섯째 아들인 이방원을 가리키는 말이었다.

그때 문밖에서 서럽게 우는 여인의 목소리가 들렸다. 이성계의 둘째 부인인 신덕 왕후 강 씨의 울음소리였다.

"아이고. 내 아들들은 어떡하라고."

이성계는 그 울음소리에 마음이 흔들렸다. 평소에 신덕 왕후가 낳은 어린 아들들을 끔찍이도 예뻐했던 터라 그만 후회할 짓을 저지르고 말았다.

"세자는 일곱째 왕자가 좋겠소."

신하들은 이성계가 이방원이 아닌 이방번을 세자로 고르자 당황했다.

"그럼 똑똑한 여덟 번째 왕자가 어떨까요?"

신하들은 신덕 왕후가 낳은 막내아들인 이방석을 추천했다. 이방석은 맏아들도 아니었고 공이 많은 왕자도 아니었지만 세자가 되었다. 임금과 왕비가 예뻐한다는 이유뿐이었지만 신하들은 받아들였다.

정도전의 입장에서도 강한 성격의 이방원보다는 나이 어린 이방석이 왕으로 모시기에 더 좋을 거라 생각했다. 정도전은 세자의 스승이 되었고 장차 조선을 닦을 새 인물을 가르치기로 했다.

"뭐? 겨우 열 살밖에 되지 않은 어린 방석이가 세자가 되었다고? 그 녀석이 조선을 세우는 데 무슨 공을 세웠단 말인가."

이방원뿐만 아니라 이성계의 첫째 부인의 아들들은 모두 받아들일 수 없어서 매우 분하게 여겼다. 게다가 정도전은 왕자들이 거느리고 있던 사병들과 무기까지 모두 나라의 군사로 빼앗아 갔다. 심지어 불만 가득한 왕자들이 궁궐에 드나드는 것까지 막기도 했다.

"목숨을 걸고 아버지가 해야 할 일까지 내가 다 처리했거늘. 어찌 이런 대접을 받는단 말이냐."

조선을 세우는 데 가장 큰 활약을 한 이방원은 자신의 군사와 힘과 공을 빼앗아 간 정도전과 이성계에게 점점 분노와 원망을 느끼고 있었다. 정도전이 호시탐탐 자신과 왕자들을 노린다는 것을 알게 된 이방원은 다시 한번 기회를 엿보았다.

"당하지 않으려면 내가 먼저 쳐야 해. 군사와 무기를 다 빼앗겼으니 이거 어떡한담."

조급한 마음으로 끙끙 앓고 있을 때 이방원의 부인인 민 씨가 창고 문을 열었다.

"이런 날이 올 줄 알고 대비하고 있었습니다."

창고에는 민 씨가 몰래 숨겨 둔 무기가 가득 들어 있었다. 그때 민 씨의 남동생들이 이방원의 집에 몰려 들어왔다.

"지금 남은의 첩이 있는 송현에 정도전과 그 무리들이 술을 마시고 있다고 합니다."

소식을 들은 이방원은 이번에도 망설이지 않았다. 그 누구도 봐

주지 않는 냉정하고 날카로운 성품을 타고나 과감하게 행동하는 인물이었다. 자신이 원하는 세자 자리가 주어지지 않는다면 빼앗아서 가져야 했다.

"내 앞길을 막는 자는 그 누구도 살아남지 못하리라."

1398년 8월의 깊은 밤, 이방원은 몰래 숨겨 둔 자신의 병사들과 노비들까지 모아 자신을 따르는 하륜, 이숙번과 함께 송현으로 갔다. 길거리에는 지나가는 사람 하나 없었고 남은의 하인들은 깊이 잠들어 있었다.

이방원의 부하가 집에 불을 붙이자, 술자리에 취해 있던 정도전과 남은 등은 그제야 놀라서 일어섰다.

"불이야!"

"모두 피하십시오. 이방원이 나타났습니다."

매섭게 휘두르는 이방원의 칼날은 무더운 밤공기를 갈랐다. 술에 취해 허둥대던 벼슬아치들이 하나둘씩 번쩍이는 칼에 쓰러져 갔다.

남은, 정도전과 술을 마시던 사람들은 모두 끌려 나와 차례로 목숨을 잃었다. 조선을 세운 일등 공신들은 제대로 대항해 보지 못하고 허무하게 죽음을 맞았다.

남은의 첩 집은 땀 냄새와 피 냄새로 뒤범벅되었다.

"내가 방심했구나. 삼십 년이 넘도록 온갖 위험을 겪으며 이 자리까지 왔는데……. 술 한잔을 마시다가 모든 것을 잃었구나."

누구보다도 이방원을 잘 안다고 생각했던 정도전은 때늦은 후회를 했다. 이런 일이 생길까 봐 왕자들의 사병과 무기를 다 빼앗았다고 생각했다. 하지만 이방원은 다른 왕자들과는 달랐다.

이성계의 둘째 부인 신덕 왕후 강 씨가 "이방원이 내 배에서 태어나지 않은 것이 안타깝다."라고 할 정도로 왕자들 중에서도 가장 똑똑하고 욕심 많은 인물이었다.

정도전과 남은 등 조선을 세우는 데 가장 큰 공을 세운 신하들을 베어 버린 이방원은 궁궐로 쳐들어갔다. 이방원의 처남인 민무구 형제와 이숙번이 궁궐에서 미리 기다리고 있었다.

병이 들어 누워 있던 이성계는 이방원의 소식을 듣고 분노로 몸을 부들부들 떨었다.

"이방원 이놈! 어찌 삼봉을 죽인단 말이냐. 내 팔다리를 베어 버린 것보다 더 끔찍하구나."

어린 세자인 이방석은 군사들을 이끌 힘이 없었다. 결국 이방원이 일으킨 반란은 성공을 거두었고, 세자 이방석과 그의 형인 일곱째 왕자 이방번까지 죽임을 당했다. 첫 번째 왕자의 난은 이방원의 승리였다.

이방원은 노여워하는 이성계를 조금이라도 달래기 위해 둘째 형인 이방과를 세자로 앉혔다. 왕자의 난이 일어난 지 여드레 만에 태조 이성계는 왕위를 이방과(정종)에게 물려주었다. 몸과 마음이 깊이 병들어 더 이상 왕좌에 앉아 있을 수 없었기 때문이다.

이방원이 모든 세력을 잡았지만, 조선 왕실은 아직도 조용해지지 않았다. 넷째인 이방간이 군사를 모아 이방원에게 맞섰던 것이다.

"나는 이방원의 형이다. 동생은 나를 형으로 대하지 않는구나."

힘을 가진 이방원이 못마땅했던 이방간은 군사를 일으켰지만 이를 미리 알아챈 이방원은 선죽교, 남산 등에서 맞서 싸웠다.

처음부터 이방원이 이기는 싸움이었다. 이방간은 황해도 토산으로 유배를 갔고, 두 번째 왕자의 난도 이방원의 승리로 끝이 났다.

이방원이 세제(후계자가 될 왕의 동생)가 되면서 왕실은 진정이 되었지만, 이성계의 마음은 점점 더 깊은 병에 빠져들었다.

"내가 세운 조선이 피로 물들었구나. 내 자식이 공신들을 죽이고 형제들을 죽였으니 백성들이 나를 얼마나 손가락질하겠느냐."

이성계는 혼자서 미친 사람처럼 돌아다니기도 했다.

"방번이와 방석이가 보고 싶다. 다 죽어 버린 내 아들들을 잊으려고 해도 잊을 수가 없다."

이성계는 분노와 허탈감, 절망감에 눈물을 흘리며 하루하루를 지냈다. 조선을 세운 용맹한 이성계 장군의 모습은 더 이상 찾아볼 수 없었다.

자신을 따르던 사람들이 모두 죽거나 배신해 버려서 이성계의 곁에는 힘이 되어 줄 사람이 없었던 것이다.

정종은 2년 동안 이름뿐인 왕위를 지키다 이방원에게 자리를 넘겨주었다. 자신 앞의 걸림돌을 모두 쳐내 버린 이방원은 당당히 조선의 제3대 왕 태종이 되었다.

욕은 내가 먹을 테니

공신들, 형제들, 그 누구와도 권력을 나누려 하지 않았던 태종 이방원은 왕이 된 후에도 칼을 들었다.

"왕이 힘이 있어야 나라를 바로 세울 수 있다."

태종은 왕의 자리를 조금이라도 위협하는 자들을 용서하지 않았다. 혼란스러운 조선 초기에 꼭 바로잡아야만 하는 일이라고 생각했다.

이방원이 왕위에 오르는 데 큰 공을 세운 부인 민 씨의 형제들도 태종에게는 눈엣가시였다. 특히 민무구, 민무질 형제는 높은 벼슬을 꿰차고 잔뜩 으스대며 주변 사람들을 함부로 대했다.

태종의 큰아들이자 세자인 양녕 대군은 어린 시절 외갓집에서 자란 덕분에 민씨 형제들과 사이가 각별했다. 세자와 가까운 사이라는 것을 이용해 민씨 형제들은 더 큰 권력을 꿈꾸고 있었던 것이다. 결국 태종은 그들을 죽음으로 몰아넣었다. 형제의 억울함을 세자에게 호소하던 나머지 민씨 형제들까지 죽임을 당했다.

가장 분노한 사람은 부인인 원경 왕후 민 씨였다.

"전하, 어찌 내게 이러실 수 있습니까? 누구 덕분에 그 자리에 앉아 있는데, 내 형제들을 모조리 죽이고 내 가문을 짓밟는단 말입니까? 당신을 왕위에 올리기 위해 함께 목숨을 바쳐 싸웠던 내 가족들이란 말입니다."

"중전. 바로 그런 생각 때문이오. 나를 도왔다는 이유로 왕에 버금가는 권력을 누리려 했으니 그것이 역모가 아니겠소? 다 세자를 위한 것이오. 세자를 쥐고 흔들려는 세력을 없앤 것이란 말이오."

태종은 더 많은 피를 부르더라도 왕권을 튼튼히 해야 했다. 하지만 그의 아들 양녕 대군은 태종의 뜻을 따라 주지 않았다. 술을 마시고 여자를 가까이하고 놀기만 좋아해 태종이 직접 세자를 불러 야단을 치기도 했다.

하지만 세자는 그럴수록 태종에게 대들듯이 더 엇나갔다. 궁궐 담을 넘어 술판을 벌이고 공부를 해야 할 시간에도 잠만 잤다.

"아버지와 내가 어떻게 세운 나라인데……. 얼마나 많은 목숨을 희생해 가면서 자리를 잡아 가고 있는 조선인데, 이 녀석이 다 망

치게 생겼어."

세자의 행동을 보는 태종은 나날이 근심이 커져 갔다. 태종은 다시 한번 결단을 내려야 했다.

다행히 이방원에게는 지혜롭고 인품도 훌륭한 셋째 아들이 있었다.

'충녕이라면 내가 이 나라를 믿고 맡길 수가 있다. 맏이인 양녕이 내 뒤를 잇길 바랐지만 조선을 위해 가장 좋은 선택을 해야만 한다.'

"세자를 폐하고 셋째인 충녕 대군을 세자로 삼겠다. 폐세자는 이천으로 보내거라."

조선 왕실에 다시 한번 혼란과 갈등이 몰아쳤다. 많은 수군거림과 반대가 있었지만 태종은 결단력 있게 앞으로 나아갔다.

왕위에 앉기 위해, 그리고 왕위를 지키기 위해 아버지의 미움을 받고 형제들을 죽이고 처갓집을 쑥대밭으로 망가뜨렸다. 이제 세자인 큰아들까지 내쳤다. 아무도 그의 서슬 퍼런 칼날을 피해 갈 수 없었다.

태종은 외로웠다. 그의 주변에는 그를 두려워하는 사람만이 남았다.

하지만 태종은 백성들에게는 한없이 자상한 임금이었다. 가뭄이 심해져 백성들이 살기 어려워지자 스스로 고기반찬과 술을 끊었다.

자주 물난리를 겪는 한양 백성들을 위해 청계천에 공사를 했다. 왕궁을 짓거나 나라의 공사가 있을 때에는 백성들에게 먹을 것과 약을 나눠 주며 돌보았고, 농사일에 방해받지 않게 조정했다.

"전국 방방곡곡에 왕의 힘이 미치지 않는 곳이 없게 하라."

태종은 지방의 관리들을 직접 보내 다스렸고, 억울하게 노비가 된 사람들을 구하기 위한 기관을 세웠다. 또한 억울함이 있는 백성들이 궁궐 안에 있는 신문고를 울리면 임금이 직접 사연을 듣고 해결해 주었다.

태종은 자신이 새로 지은 창덕궁의 후원을 걷는 것을 좋아했다.

어느 날, 태종은 직접 '해온정'이라 이름 붙인 정자에 앉아 밤바람을 맞았다. 해온정 앞 작은 연못에 물고기가 노니는 듯 물살이 작게 일었다.

태종은 내관을 불러 세자를 보고 오라 일렀다. 동궁전에 다녀온 내관은 세자가 책에 깊이 빠져 있노라고 알려 왔다.

"세자답구나. 이 깊은 밤까지 책을 읽고 있을 줄 알았다."

태종은 동궁전을 향해 몸을 돌렸다. 그리고 주름진 눈가에 미소를 띠며 말했다.

"세자, 성군이 되거라. 나는 임금의 자리에 오르려고 형제들과 동지들을 죽였다. 이 자리를 굳건히 지키려고 처남들을 죽여 중전의 원망이 하늘까지 닿았다. 사람들은 나를 폭군이라 살인자라 부르겠지. 네 마음껏 능력껏 백성을 위한 정치를 펼칠 수 있게 내 손에 피를 다 묻히겠다. 너는 이 모든 것이 헛되지 않게 조선을 살기 좋은 나라로 만들어 줄 거라 믿는다. 사람들의 원망과 비난은 다 내가 가져갈 테니 세자는, 자자손손 칭송만 받거라."

태종의 눈가에 눈물이 고였다. 아직도 자신을 미워하고 원망하는 아버지와 큰아들을 생각하니 마음 한편이 시려 왔다.

'그래도 내가 이 짐을 다 져서 다행이다. 세자를 홀가분하게 해 줬으니 나는 그것으로 되었다.'

저 멀리 향나무와 느티나무가 바람에 번갈아 가며 흔들렸다. 태종의 마음이 바람을 타고 궁궐 여기저기에 천천히 퍼져 나갔다.

이방원

강한 추진력으로 아버지 이성계를 왕좌에 올리고 본인까지 임금의 자리에 오른 태종 이방원. 하지만 많은 일을 겪은 만큼 그 마음도 복잡했을 것 같은데요. 그때 당시의 상황과 심정, 왕위에 오른 후의 생활에 대해 알아보겠습니다.

조선 초기에 피바람을 몰고 온 주인공이신데, 그만큼 비난도 많이 들으셨지요? 정말 그렇게 사람들을 죽이고 내쫓아야만 했나요?

그런 질문을 아주 많이 받았습니다. 그렇게까지 사람들을 많이 죽이면서까지 왕이 되고 싶었냐고요. 하긴, 내가 없앤 인물들이 많긴 하군요. 정몽주와 정도전, 내 이복동생들인 방번과 방석, 나를 도와준 내 처남들과 내 사돈인 세종의 장인까지 살려 두지 않았네요. 하지만 왕권을 위해 어쩔 수 없는 일이었어요. 정몽주는 내가 죽이지 않으면 정몽주가 우리를 죽일 게 분명했지요. 정도전은 나랏일을 혼자 다 하다시피 했고요. 그는 왕이 아닌 재상이 다스리는 나라가 되어야 한다고 했지만 제 생각은 달랐어요. 왕의 힘이 강해야 나라가 바로 서는 법이지요.

왕자의 난으로 세자가 되신 후, 태조 임금과 사이가 나빠진 걸로 아는데 요. 태조께서 화가 많이 나셨더라고요. 그 후로 어떻게 되었나요?

아버지 생각만 하면 아직도 마음이 아픕니다. 제가 아버지께 큰 불효를 저지른 건 맞지요. 아버지가 아끼던 동생들과 정도전을 죽여 버렸으니 말입니다. 저는 조선을 세우는 데 큰 공을 세운 제 자리를 지키고 싶을 뿐이었습니다. 하지만 아버지는 당신을 몰아내고 내가 왕이 되었다고 생각하셨지요. 아버지의 인정을 받는 당당한 왕이 되고 싶었지만, 아버지는 한양을 떠나 저를 만나려 하지 않으셨습니다. 고향인 함흥 쪽을 떠돌아다니며 나를 원망하셨다더군요. 몇 번이고 신하들을 보냈지만, 아버지의 마음을 돌릴 수는 없었습니다.

태종께서도 마음고생이 많으셨겠군요. 그런데 아버지와 사이가 좋지 않으셨는데 큰아들까지 내쫓으셨어요. 왜 그러셨나요?

세자로 삼은 큰아들 양녕 대군은 시를 잘 짓고 글씨도 아주 잘 썼답니다. 하지만 노는 것을 너무 좋아했어요. 여자를 좋아해서 문제를 많이 일으켰지요. 모두 알다시피 저는 많은 목숨의 희생을 치르고 왕위에 올랐습니다. 이렇게 지킨 왕의 자리를, 놀기 좋아하는 아들이 첫째라는 이유로 물려줄 수는 없었지요. 새 왕조의 초기에는 특히 왕의 역할이 아주 중요합니다. 그래야 왕조가 몇백 년 동안 강하고 굳건해질 수가 있지요. 마음이 아팠지만 세자를 내치고 셋째 아들인 충녕 대군을 세자로 삼을 수밖에 없었어요. 책을 좋아하고 지혜롭고 인품까지 훌륭한 충녕은 제가 꿈꾸는 왕에 딱 어울리는 인재였거든요.

태종께서는 왕위에 계신 동안 어떤 일들을 하셨는지 자세히 들어 보고 싶습니다.

왕위에 오르기까지는 말도 탈도 많았지만, 임금이 된 후로는 오직 백성들을 위한 정치를 하는 데 힘썼습니다. 불안한 새 왕조 초기에 기반을 다지느라 여러모로 신경을 썼지요. 먼저 창덕궁을 지었습니다. 아버지가 지으신 경복궁이 있었지만, 새로운 궁궐을 짓고 싶었거든요.

나라의 큰일을 왕이 직접 보고받고 결정할 수 있도록 '육조 직계제'도 만들었습니다. 나랏일의 각 분야를 이조, 호조, 예조, 병조, 형조, 공조 이렇게 육조로 나누어 불렀지요. 그리고 왕족들과 공신들이 개인적으로 데리고 있던 군사를 모두 없앴어요. 임금만이 군대를 가지고 있어야 왕권이 안정되니까요. 이렇게 사병을 두지 못하게 강력한 법을 만든 덕분에 앞으로 쭉 임금만이 군사를 부릴 수 있게 되었답니다.

전국을 여덟 개의 도로 나눈 뒤 직접 관찰사를 파견하고, 도 아래에는 목과 군, 현을 두어 우두머리를 뽑아 내려보내기도 했지요. 또한 열여섯 살 이상의 남자들은 모두 신분을 나타내는 패를 가지고 다니게 하는 '호패제'를 만들었습니다. 호패를 이용해서 세금을 내고 군대에 가야 하는 인구를 정확히 파악하기 위해서였지요.

조선에 자꾸 쳐들어오는 북쪽의 여진족들도 정벌했어요. 혼쭐이 난 여진족들은 내가 살아생전에는 결코 조선의 백성들을 괴롭히지 못했답니다. 저는 조선이 백성을 위한 나라가 되길 바랐어요. 살기 좋은 나라, 안정된 나라를 만들기 위해 왕으로서 할 수 있는 것들을 다 했다고 자부할 수 있습니다.

"나는 18년 동안이나 호랑이 등에 탔으니 그것으로 충분하다." 태종 이방원이 세자인 충녕 대군에게 왕위를 넘겨주며 남긴 말이다. 18년 동안 조선의 왕위를 지키던 태종은 현명한 세자 충녕 대군에게 왕권을 물려주며 비로소 모든 걱정과 두려움을 내려놓을 수 있었다. 조선을 살기 좋은 나라, 안정된 나라로 만들기 위해 치열한 삶을 살았던 태종은 아들 세종과 함께 사냥을 다니며 세상을 떠나기 전까지 평화로운 말년을 보냈다.

창덕궁
경복궁에 이어 두 번째로 만들어진 조선 시대의 궁궐로, 서울시 종로구에 위치하고 있다. 창덕궁은 조선의 제3대 왕 태종의 명령으로 1405년에 지어졌다.

부록

역사 선생님이 들려주는 조선 건국 이야기

이윤구
(부평여자고등학교 역사 교사)

새 나라 조선이 세워지다

1383년 가을, 정도전이 함흥에 있던 이성계를 찾아갔어. 정도전은 공민왕이 죽고 나서 고려가 원나라를 섬기는 것에 반대하다가 관직에서 쫓겨나 유배 생활을 하고 있었어. 이성계는 함흥 출신으로 홍건적과 왜구를 물리치는 과정에서 큰 공을 세워 이름을 떨치고 있었고, 이때는 고향인 함흥으로 돌아와 머무르고 있었지. 이 두 사람이 만난 지 꼭 십 년 만에 고려는 멸망하고 조선이 건국되었어. 이성계는 조선의 왕이 되었고, 정도전은 새로운 나라의 여러 제도를 만든 설계자 역할을 하게 되었지.

원나라의 간섭을 받던 고려 말기

13세기에 몽골 초원에서 살던 몽골인들이 힘을 키우면서 주변 국가들을 정복했고 세계적인 대제국을 건설했어. 그리고 1231년에는 고려를 침략하기에 이르렀지. 고려는 강화도로 수도를 옮기고, 수십 년 동안 몽골에 맞서 싸웠지만 막아 낼 수 없었어. 결국 고려는 전쟁을 끝내기로 몽골과 약속하고, 원래의 수도였던 개경으로 돌아올 수 있었지. 하지만 그 약속에는 큰 대가가 뒤따랐어. '고려'라는 나라와 왕실을 지키는 데에는 겨우 성공했지만, 이후 몽골이 세운 원나라에 의해 갖가지 간섭을 받아야 했지.

고려는 원나라가 필요로 하는 물건과 사람을 수시로 바쳐야 했고, 심지어 고려의 왕을 원나라가 정하기도 했어. 북쪽 영토와 제주도를 빼앗겼고, 몽골군의 일본 정복을 위한 전쟁을 도와야 했지. 일본과 전쟁을 하기 위해 원나라는 고려에 관청을 설치했는데, 전쟁이 실패로 끝나고 나서도 이 관청을 없애지 않고 고려 정치에 계속 간섭하는 도구로 삼았어.

게다가 고려 왕은 원나라의 공주와 결혼해야 했지. 이 밖에도 원나라의 지배층과 관계있는 사람들이 고려에서 높은 관직을 차지하고 많은 재산과 토지, 노비를 소유하는 권력자가 되었어. 이렇게 고려 말기에 원나라를 따르며 권력을 누리던 사람들을 권문세족이라고 해. 권문세족이 넓은 논밭을 차지하게 되자, 그 땅에서 농사짓던 농민들은 땅을 빼앗기거나 그들에게 많은 양의 세금을 바쳐야 하는 처지가 되면서 가난에 허덕였지.

중국 땅에 명나라가 세워지다

14세기가 되자 전 세계를 휘어잡던 몽골 제국도 힘이 약해지기 시작했어. 중국의 농민들이 원나라에 맞서 여러 지역에서 반란을 일으켰지. 그중에서 '주원장'이라는 사람이 이끌던 농민군은 세력을 크게 넓혀 명나라를 세우고 원나라를 몽골 초원 쪽으로 몰아냈어. 고려에서는 이 기회에 원나라의 간섭에서 벗어나 나라의 힘을 키워야 한다는 생각을 가진 사람들이 생겨났지.

고려의 새로운 왕인 공민왕도 그중의 한 명이었어. 공민왕은 원나라의 영향력에서 벗어나는 한편, 권문세족의 횡포를 막고 농민들의 생활을 안정시키기 위해 개혁을 추진했지. 그러면서 자신과 뜻을 같이하는 젊은 관리들을 많이 등용했는데, 이들을 신진 사대부라고 해.

성리학을 공부한 젊은 학자들, 신진 사대부

신진 사대부들은 대체로 지방 출신이었고 성리학이라는 새로운 학문을 공부한 학자들이었어. 성리학은 유교의 이론을 통해 세계의 원리를 설명하려는 학문이야. 공자로부터 시작된 유교는 왕에게 충성하고 부모에게 효도하는 것, 자신의 수양과 올바른 마음가

짐을 중요하게 생각했어. 성리학은 바로 이런 생각을 바탕으로 세상의 질서를 설명하려 했던 학문이지.

성리학은 송나라의 학자 주희가 만들었는데, 원나라 때 과거 시험의 주요 과목이 되면서 고려에도 알려졌지. 고려에도 과거 제도가 있었고, 성리학을 공부한 젊은 사람들이 시험에 합격하여 개경에서 관리 생활을 시작했어. 개혁을 꿈꾸던 공민왕은 이들을 적극적으로 등용했지.

신진 사대부들은 원나라와 가까웠던 권문세족과는 생각이 달랐어. 신진 사대부들이 보기에 원나라는 힘이 약해지는 나라였고, 명나라는 새롭게 강해지고 있는 나라였지. 앞으로 고려는 원나라가 아닌 명나라와 가깝게 지내야 한다고 생각했어. 또한 권문세족들이 원나라와의 관계를 통해 높은 관직을 독차지하고, 농민의 땅을 빼앗아 재산을 늘리는 것이 잘못되었다고 생각했지. 이들은 유교를 공부했기 때문에 왕은 백성들을 위한 정치를 해야 한다는 믿음이 있었거든.

그리고 신진 사대부들은 불교를 비판하기도 했어. 이때의 절들은 많은 노비와 땅을 가지고 있었고, 물건을 만들어 팔아 이익을 남기면서 재산을 늘리기까지 했지. 특히 정도전은 이러한 불교의 모습을 꼬집으며 불교가 백성들을 괴롭히고 고려에 해를 끼치는 종교라고 주장했어.

외적의 침입을 물리친 군인들, 신흥 무인 세력

신진 사대부의 등장과 함께 고려에서 점차 세력을 키우던 사람들이 있었는데, 바로 군인들이었지. 중국의 농민 반란군 중 하나인 홍건적이 원나라 군대에 쫓겨 국경을 넘어 고려 땅으로 들어와 마을을 약탈한 일이 있었어. 한때 이들은 개경을 함락할 정도로 막강해서 고려의 왕이 피난을 가야 할 정도였지. 홍건적을 진압하는 과정에서 고려의 무관들이 이름을 떨치고 백성들의 지지를 받게 되었는데, 대표적인 사람이 최영 장군과 이성계 장군이었어.

고려에 큰 피해를 주던 또 다른 적으로는 왜구도 있었어. 왜구는 일본의 남쪽 지역을 근거지로 삼아 중국과 고려 일대에서 약탈을 일삼던 해적들이야. 왜구들은 강력한 무기와 군대를 갖추고 있었기 때문에 원나라나 고려도 대규모 군대를 동원해야 맞설 수 있을 정도로 강했어. 고려에도 강화도까지 왜구가 쳐들어와 수도인 개경이 위협당하는 상황까지 벌어졌지.

최영, 이성계와 같은 장군들은 홍건적과 왜구를 토벌하는 과정에서 큰 공을 세우고 사람들에게 이름이 널리 알려졌어. 이들을 신흥 무인 세력이라고 해. 그중 최영은 공민왕이 죽자 다시 힘을 얻게 된 권문세족을 없애고 새로운 왕인 우왕의 믿음까지 얻게 되었지.

요동 정벌과 위화도 회군

원나라의 간섭에서 벗어나고 싶던 공민왕은 명나라와 가깝게 지내려고 했어. 하지만 공민왕이 죽자 권문세족이 힘을 되찾았고, 이들은 원나라와 다시 가까이하려고 사신을 보냈지. 이런 고려의 외교에 불만을 가진 명나라는 무리한 공물을 요구해 왔어.

명나라가 영토를 점점 넓히며 고려의 영토와 맞닿아 있는 요동 지역까지 차지하게 되자, 불편하던 고려와 명나라의 관계는 급속히 나빠졌어. 이때 명나라는 고려가 차지하고 있던 철령 이북 지역을 자신들의 영토로 삼으려고 했지. 하지만 공민왕 때 원나라로부터 되찾은 이 땅을 다시 명나라에 빼앗기는 것은 고려의 입장에서 상상할 수도 없는 일이었지.

결국 고려는 명나라와의 전쟁을 준비했어. 우왕과 최영은 명나라를 먼저 공격하여 요동 지역까지 차지하겠다는 계획을 세웠어. 물론

이 전쟁에 반대하는 사람들도 있었지. 정벌군을 지휘하는 이성계도 요동 정벌을 반대했어. 하지만 우왕과 최영의 뜻대로 요동 정벌은 진행되었고, 정벌군은 평양에서 출발해 압록강에 이르렀어.

정벌군을 이끌던 이성계는 계속해서 군대의 철수를 주장했지만 받아들여지지 않았어. 결국 이성계는 압록강에 있는 위화도에서 머무르다가 다시 군대를 이끌고 발길을 돌려 개경으로 돌아왔지. 이 사건이 바로 위화도 회군이야. 이성계는 요동 정벌을 명했던 최영을 죽이고 우왕을 왕의 자리에서 쫓아냈어.

고려가 멸망하고 조선이 건국되다

개경으로 돌아온 이성계가 권력을 잡자 많은 신진 사대부들이 환영했어. 이성계는 개혁을 주장하는 신진 사대부와 뜻을 같이했기 때문에 이성계가 고려의 문제점들을 바로잡을 수 있을 거라고 기대했던 거야. 이성계는 먼저 토지와 관련된 제도를 바꾸고자 과전법을 실시했어. 과전법은 권문세족이 불법적으로 차지하고 있던 땅을 되찾아 관리들에게 나누어 주고, 그 땅에서 나오는 수확물의 일부만 가져갈 수 있게 하여 농민들의 부담을 덜어 준 제도였지.

특히 정도전은 적극적인 개혁을 주장했어. 오랫동안 문제가 쌓인 고려의 여러 제도를 고쳐 나가는 건 어려우니 차라리 새로운 나라를 세워 처음부터 올바른 제도를 갖추는 게 낫다고 생각했지. 이성계도 정도전과 같은 입장이었어. 정몽주와 같은 충신들은 새로운 국가 건설에 반대하여 고려 왕조를 지키고자 했지만 결국 제거되고 말았어. 이성계와 정도전은 서로 힘을 합쳐 1392년에 새로운 나라 조선을 세우고 이성계가 왕이 되었지.

고려와 조선은 무엇이 다를까?

조선 건국은 어떠한 의미가 있을까? 새 나라가 세워지고 시간이 흐르면서 조선은 여러 변화를 겪었고 고려와는 다른 모습으로 발전해 갔어.

먼저 고려는 불교가 중요한 나라였어. 큰 절도 많이 있었고 왕자가 스님이 되는 경우도 있었지. 그에 비해 조선은 불교가 아니라 유교와 성리학을 중시한 나라였어. 유교가 나라를 다스리는 정치 원리로만 쓰인 것이 아니라 사람들의 생활과 풍습, 문화에도 큰 영향을 주었지.

고려는 수도인 개경에 살던 왕과 귀족, 관리들이 권력을 차지하고 국가를 운영했지만, 지방에는 자손 대대로 그 지역을 장악하고 행정과 군사를 담당하는 사람들이 따로 있었어. 하지만 조선에서는 왕이 임명한 관리가 모든 지역에 파견되어 지방의 행정을 담당했어. 고려에 비해 국가의 권력이 지방까지 깊숙이 영향을 미치는 사회가 된 거야.

고려는 수많은 전쟁을 겪었고 지배층도 고려 초기 문벌에서, 무신 정권, 권문세족들로 계속 바뀌었어. 하지만 조선은 고려에 비해 전쟁이 적었고 성리학을 공부한 양반이 계속해서 사회의 지배층이었지. 양반은 성리학을 공부하고 과거 시험을 통과해 관직에 진출하여 이름을 떨치는 것을 큰 명예로 여겼어. 고위 관직에 오른 양반들은 왕과 함께 국가를 통치했고, 지방의 양반들은 토지를 소유한 지주로서 농업에 힘쓰고 유교를 통해 농민에게 영향력을 미쳤지.

이처럼 조선은 고려와는 다른 사회였어. 새로운 왕조가 열리고, 변화의 시작을 가져온 것이 바로 조선 건국의 의미라고 할 수 있을 거야.

조선 건국, 나라의 운명을 바꾼 리더들

1판 1쇄 발행일 2023년 4월 24일

지은이 고수산나
그린이 이광익

발행인 김학원
발행처 휴먼어린이
출판등록 제313-2006-000161호(2006년 7월 31일)
주소 (03991) 서울시 마포구 동교로23길 76(연남동)
전화 02-335-4422 **팩스** 02-334-3427
저자·독자 서비스 humanist@humanistbooks.com
홈페이지 www.humanistbooks.com
유튜브 youtube.com/user/humanistma **포스트** post.naver.com/hmcv
페이스북 facebook.com/hmcv2001 **인스타그램** @human_kids

편집 박현혜 **디자인** 박인규
사진제공 국립중앙박물관 한국데이터베이스산업진흥원 국가문화유산포털 서울역사박물관
용지 화인페이퍼 **인쇄** 삼조인쇄 **제본** 해피문화사

글 ⓒ 고수산나, 2023 그림 ⓒ 이광익, 2023
ISBN 978-89-6591-507-2 73910

- 이 책은 저작권법에 따라 보호받는 저작물이므로 무단 전재와 무단 복제를 금합니다.
- 이 책의 전부 또는 일부를 이용하려면 반드시 저작권자와 휴먼어린이 출판사의 동의를 받아야 합니다.
- **사용 연령 8세 이상** 종이에 베이거나 긁히지 않도록 조심하세요. 책 모서리가 날카로우니 던지거나 떨어뜨리지 마세요.